匠心·创新（二）

——北京局铁路技师风采

北京铁路工人技师协会 组织编写

中国铁道出版社
CHINA RAILWAY PUBLISHING HOUSE

序

Forword

为响应党的十八大提出的创新驱动发展战略，贯彻落实习近平总书记在十九大提出的建设知识型、技能型、创新型技能人才队伍的精神，发挥高技能人才在安全运输生产中的作用，充分展示铁路高技能人才的精神风貌、创新成果和精湛技艺，宣传高技能人才业绩，调动高技能人才积极性和创造性，为铁路安全运输生产服务，北京铁路工人技师协会在中国铁路北京局集团有限公司开展了技师创新成果展示活动，成果展示以宣传图册的方式进行。本次出版的展册主要收集了石家庄地区 60 位技师 2012 年以来的创新成果并予以宣传展示。旨在通过成果展示活动进一步增强广大技师的荣誉感、责任感和使命感，为铁路建设贡献他们的聪明才智，为实现“两个一百年”奋斗目标，实现中华民族伟大复兴的中国梦而努力奋斗。

目 录

Contents

革新能人 Gexin Nengren

岗位标兵 Gangwei Biaobing

创新之星

Chuangxin Zhixing

技能大师——张志绅

人物

张志绅，男，1977 年生，大学学历，路局首席技师。1998 年 8 月参加工作，2009 年成为线路工技师，2011 年 5 月被聘为北京铁路局首席技师，2012 年 4 月被聘为全路首席技师，2014 年 9 月被破格认定为线路工高级技师。现任邯郸工务段邯郸南线路车间业务指导、助理工程师。

张志绅参加工作以来 ，一直致力于铁路维修工作，为解决维修中的技术难题和改进作业方式方法付出了努力。在铁路运输“高、密、重”并举的新形势下，他从轮轨关系出发，积极探索工务设备病害发生的原因及整修规律的有效方法，大力开展“四小三法”的科技创新工作。为了提高列车运行的平稳性和旅客列车的舒适度，在动态病害精确定位及整修中，他总结的“‘六结合’、‘四消除’、‘三控制’综合光带法整治惯性晃车点”成果被车间和段推广应用，在道岔病害整治中，他提出了“‘二做好’、‘三消灭’、‘四确保’法整治岔区病害”的建议，有效提高了现场的线路偏差整治水平。

荣誉

2012 年至 2015 年	全路铁路线路工首席技师	总公司级
2014 年	北京铁路工人技师协会优秀会员	路局级
2014 年	河北省突出贡献技师	省级

成果

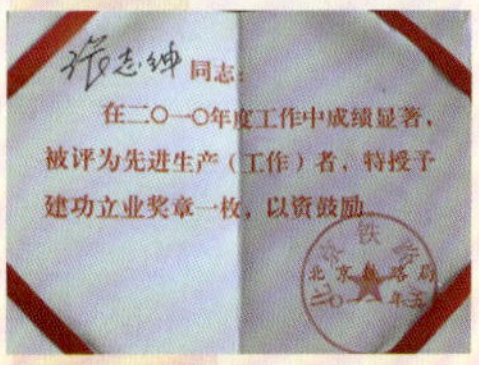

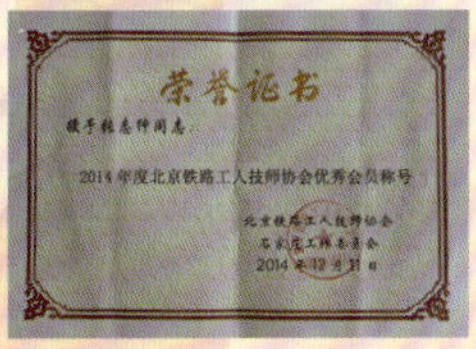

2013 年在铁道部的批准下成立了“张志绅铁路线路工技能大师工作室”，当时，这是北京铁路局唯一的铁路线路工大师工作室。2015 年又依托此平台成立了“职工创新工作室”，在他的带领下，创新工作室取得了一定成果。

1. 工作室摸索出的科技攻关方法——志绅四步科技攻关法（Aporia—发现难点、Analysis—科学分析、Abstract—精心提炼、Advance—不断前进）被北京铁路局党委命名为党员优质品牌。

2. 参与中国铁路总公司级科研项目 1 项：工务维修检测数据分析算法库的研究与实现。

3. 参与局重点课题 2 项：手持曲线拨道器和铁路多功能组合机具。

4. 局级课题 4 项：(1)支座倾角器的研制与使用；(2)螺栓涂油器的研制与使用；(3)软轴捣固机系列维修工具的研制；(4)钢轨焊缝实物对比试块的研制与使用。

5. 获得局“四小三法”技术创新成果奖 1 项：“车、人、图法”实现偏差精确定位项目。

6. 工作室共发布 19 项推广项目（生产类 8 项，管理类 5 项，方法类 6 项），20 多项合理化建议被采用，这些项目和建议的推广应用，在保障人身安全、设备安全方面取得了显著效果，同时在减少工时、劳动强度和提高劳动效率等方面发挥积极的作用，取得了良好的经济效益。

7. 工作室参与了路局《线路工》《钢轨焊接工》《桥梁工》《探伤工》《轨道车司机》题库的修订编写工作，并围绕工班长培训，撰写教案《道岔偏差精确定位与整治》《单开道岔检查与评定》《轨检车基础知识》等课件，为传播知识、传授技能起到良好推动作用。

善于钻研、勇以创新的高级技师——韩建明

人物

韩建明，男，1971 年生，中共党员，大学学历，高级技师。1990 年 7 月参加工作，现任石家庄电力机务段南新城整备车间电子组机车电工工长。

韩建明同志思想进步，工作上尽职尽责，刻苦钻研技术业务，解决了许多机车检修现场实际难题。作为主研人近年来先后提出 30 余项合理化建议及取得相关技术改造成果，分别获得路局合理化建议一、二、三等奖，同时，完成的 6 项路局级重点科研课题均达到路内先进和路内领先水平，并分别获得路局科技进步一、二、三等奖。“便携式轮缘喷油装置检测仪”“便携式机车电测仪表回路故障在线检测仪”“HXD3B 机车速度表检测仪”三项科研成果效果突出、实用性强，分别在 2015、2016、2017 年作为路局科技示范性推广项目，在局内机务段推广试用，并取得良好效果。作为班组长，其所在班组先后荣获“河北省工人先锋号班组”路局“党内优质品牌”等荣誉称号，本人也多次荣获路局“先进生产者”、路局“优秀共产党员”、路局“标准化班组长标杆”、路局“技术革新标兵”、路局“优秀科技工作者”、路局“首席技师”、路局“创新明星”、全局“党员技术能手”、全路“技术能手”、“火车头”奖章等荣誉称号和奖项。

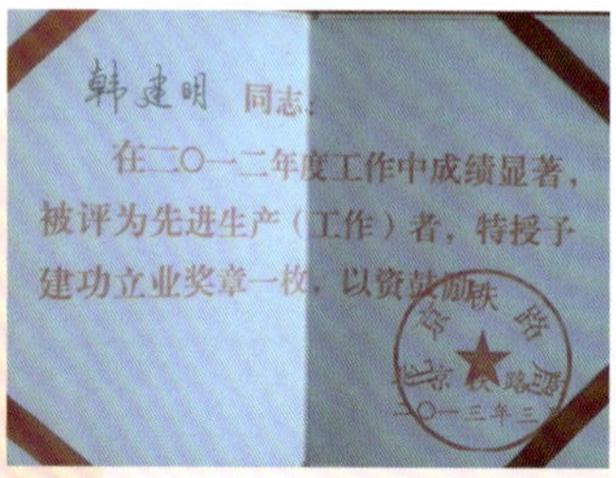

韩建明 同志：
在二〇一二年度工作中成绩显著，被评为先进生产（工作）者，特授予建功立业奖章一枚，以资鼓励。
二〇一三年三

荣誉证书
韩建明 同志：
荣获2014年技术革新标兵称号

荣誉证书
韩建明 同志：
荣获 2015 年度全路技术能手称号。

中华全国铁路总工会
决定授予：韩建明 同志
火车头奖章。
中华全国铁路总工会
二〇一七年四月
编号：20170066

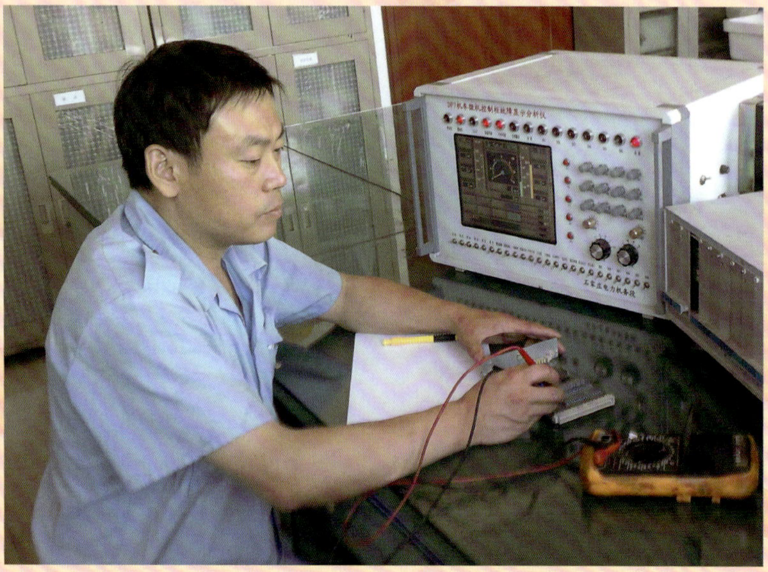

荣誉

2012年	河北省总工会推进节能减排工人先锋号	省级
2012年	技术创新二等奖	路局级
2013年	合理化建议和技术改进成果一等奖	路局级
2014年	技术革新标兵	路局级
2014年	科技进步二等奖	路局级
2015年	全路技术能手	总公司级
2015年	合理化建议和技术改进成果三等奖	路局级
2016年	“四小三法”优秀成果奖	路局级
2017年	“火车头”奖章	总公司级

成果

1. DF7 机车微机控制故障显示分析仪

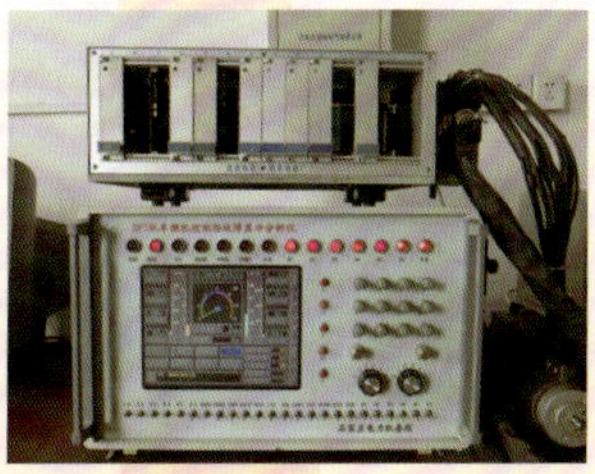

由韩建明研制的 DF7 机车微机控制故障显示分析仪主要由主板、模拟输入、数据采集、电源模块、显示及控制输出等六大模块构成。采用单片机技术，模拟机车运行环境，使机车微机控制装置仿真运行，实现微机控制装置各项功能的特性检测。该装置结构简单、实用性强，通过了路局技术评审，达到了路内先进水平。该项目荣获 2012 年度路局技术创新二等奖。

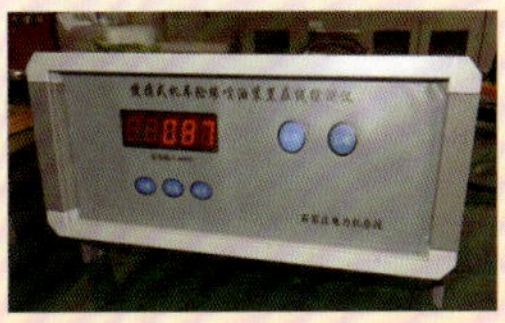

2. 便携式机车轮缘喷油装置测试仪

由韩建明研制的便携式机车轮缘喷油装置测试仪主要由供电单元、脉冲产生单元、微处理单元、接口单元、控制单元五个模块单元组成。该装置采用单片机技术模拟机车运行状态，在机车静态下实现了轮喷控制装置系统的动态性能检测。该项目 2013 年底通过路局科委组织的技术评审，评审组认为，该装置技术先进、操作方便，达到了路内领先水平。该项目荣获 2014 年度路局科技进步二等奖，2015 年作为路局科技示范性项目在北京局内机务段推广使用并取得良好效果。

3. 便携式通用型机车电测仪表回路故障在线检测仪

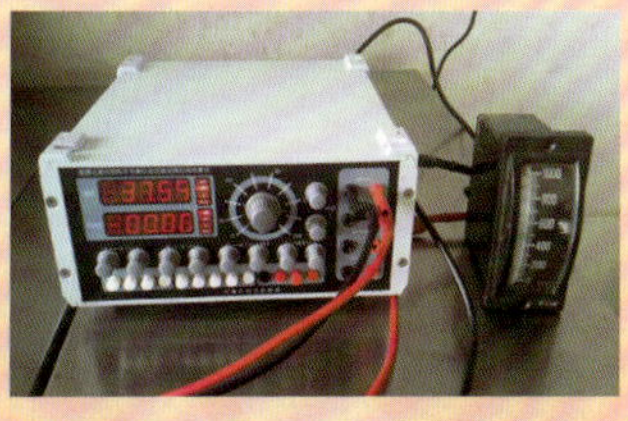

由韩建明研制的便携式通用型机车电测仪表回路故障在线检测仪主要由显示单元、供电单元、接口单元、输出单元、输入检测单元等五个单元模块组成，采用单片机控制技术，通过两个四位半 LED 数字显示窗口显示，集模拟机车各种信号的标准信号输出和数据测量功能于一体，根据电测仪表及传感器的技术要求进行电压、电流、温度、频率的标准信号源输出与数据测量，实现电测仪表回路的特性测试。该装置操作方便、技术先进，通过了路局技术评审，达到了路内先进水平。该项目荣获 2015 年度路局科技进步二等奖，2016 年作为路局科技示范性项目在北京局内机务段推广使用，取得良好效果。

脚踏实地、甘于奉献的高级工——王志会

人物

王志会，男，1979 年生，大专学历，钳工高级工。1999 年 7 月参加工作，在南新城铸造基地工作 13 年，于 2013 年 5 月调至石家庄西站综合机修车间从事内燃钳工。

王志会于 2012 年研制的“小半径曲线防倾倒轨撑”获得路局科技进步三等奖，在路局范围内得到大量推广。根据京张铁路 S2 线的实地情况设计的轨撑，在一个月的时间内投入量产，并在现场指导安装，为保障 S2 线的如期完工贡献一己之力，得到路局领导的肯定，于 2014 年获得路局“标准化职工”称号。参与研究设计的“机电式道岔起落机组”也获得路局科技进步二等奖。2016 年，他带领工厂的职工兄弟积极投身于抗洪抢险工作，获得 2016 年度路局“标准化职工”称号。在段范围内的改革成果也屡有建树，在 2016 年中，60 垫板的修旧利废获特等奖，研制的软轴捣固夹持架获一等奖，尖轨的修旧利废获二等奖，动车所垫板的改进制作和滑床板的修旧利废等获三等奖。

荣誉

2014 年	标准化先进职工	路局级
2014 年	科技进步二等奖	路局级
2016 年	标准化先进职工	路局级
2016 年	科技进步三等奖	总公司级

证　书

奖励类别：铁道科技奖
项目名称：机电式道岔起落机组
获奖人员：王志会（第 7 完成人）
奖励等级：三等
证书编号：20154475-K3-R07

中国铁道学会
2016年2月

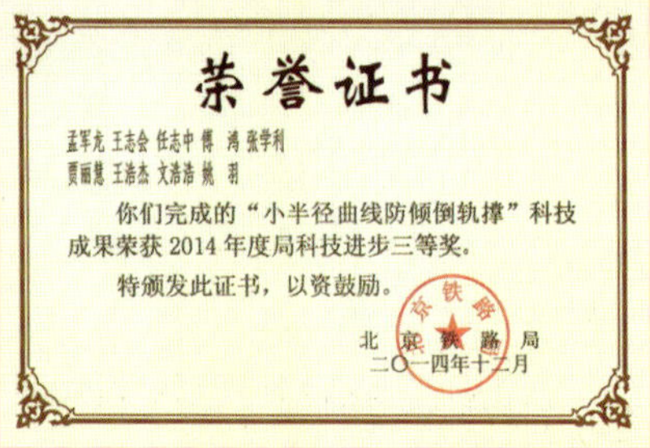

荣誉证书

孟军允 王志会 任志中 傅 鸿 张学利
贾丽慧 王浩杰 文浩浩 姚 羽

你们完成的“小半径曲线防倾倒轨撑”科技成果荣获 2014 年度局科技进步三等奖。

特颁发此证书，以资鼓励。

北京铁路局
二〇一四年十二月

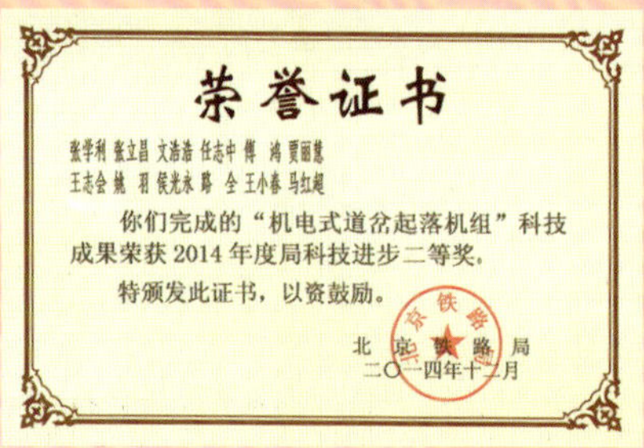

荣誉证书

张学利 张立昌 文浩浩 任志中 傅 鸿 贾丽慧
王志会 姚 羽 侯光永 路 全 王小春 马红超

你们完成的“机电式道岔起落机组”科技成果荣获 2014 年度局科技进步二等奖。

特颁发此证书，以资鼓励。

北京铁路局
二〇一四年十二月

荣誉证书

王志会同志：

被评为 2016 年度

标准化先进职工

北京铁路局　北京铁路局工会
二〇一七年三月

成果

1. 软轴夹持架

作为一种新型捣固夹持架，在日常的线路维修中通过振动夹持动作不但可以大幅度提高线路捣固质量，提高工作效率，而且在保养和维修方面比之前采用同种设备费用上要低得多，产生较大的经济效益。

2. 小半径曲线防倾倒轨撑

小半径曲线通过采用防倾倒轨撑后，大大减少了钢轨不规则磨耗、外倾、挡肩破损、轨枕切槽等病害，能够很好地保护垫板、钢轨和轨枕，从而改善轮轨关系，提高了列车运行的平稳性和乘车的舒适性。

3. 自振式内燃捣固镐

作为一种改进型的铁路养护机械，该捣固镐适用于无电源情况下的铁路线路维修施工。在日常的线路维修中可以大幅度延长捣固镐的连续工作时间，提高了工作效率，改善了局部劳动环境，调动了工人们的工作积极性，极大程度地降低了在保养和维修方面的费用。

4. 机电式道岔起落机组

该机电式道岔起落机组能够大幅度提高职工更换道岔的效率和安全性，节约天窗时间，经济效益相当可观。

善于钻研、勇于创新的高级技师——王振海

人物

王振海，男，1975 年生，大专学历，高级技师。1995 年 7 月参加工作，现于石家庄电务段从事电器钳工。

王振海于 2012 年研制出的“便携式 LKJ 监控系统测试仪”获得了 2013 年度北京铁路局科技进步二等奖。目前该成果已在全路十余个铁路局广泛推广使用，并得到了现场使用单位的一致好评。2014 年主要参与研制了“数字化人身防护语音提示系统”，该项目 2015 年底通过北京局技术科委鉴定，鉴定后更名为“列车接近预警系统”，2016 年该项目获北京局科技进步一等奖。先后研制出的“电力机车防进无电区装置”“双光电速度信号自动切换装置”“便携式机车信号发码器”“综合车载设备测试台”等多项科技成果获得包括路局级的奖项。其中“便携式机车信号发码器”已经形成了产品，开始了全面的推广工作。由王振海撰写的多篇论文在多个刊物上发表，论文《列车接近语音提示系统改进方案的探究》收录于 2016 年出版的《技师▪传承》。参与攻关的“降低速度通道故障件数”QC 成果获全国优秀 QC 成果奖。

荣誉

2013 年	优秀科技工作者	路局级
2013 年	科技进步二等奖	路局级
2013 年	合理化建议和技术改进成果优秀奖	路局级
2016 年	科技进步一等奖	路局级

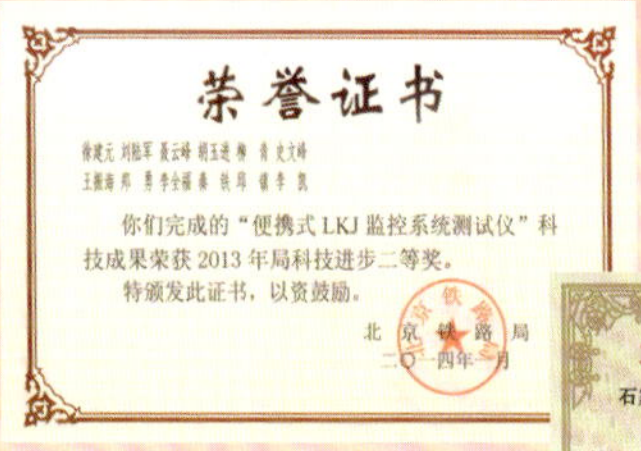
荣誉证书

你们完成的“便携式 LKJ 监控系统测试仪”科技成果荣获 2013 年局科技进步二等奖。

特颁发此证书，以资鼓励。

北京铁路局

二〇一四年一月

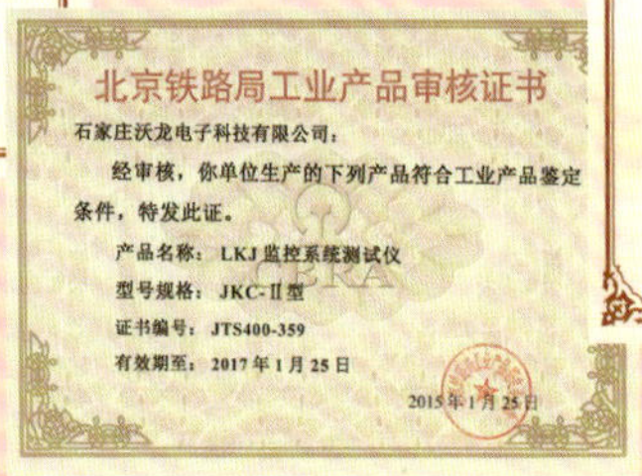
北京铁路局工业产品审核证书

石家庄沃龙电子科技有限公司：

经审核，你单位生产的下列产品符合工业产品鉴定条件，特发此证。

产品名称：LKJ 监控系统测试仪

型号规格：JKC-Ⅱ型

证书编号：JTS400-359

有效期至：2017 年 1 月 25 日

2015 年 1 月 25 日

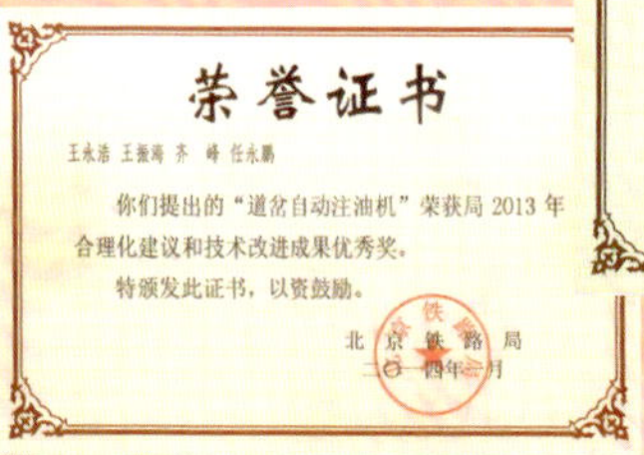
荣誉证书

王永浩 王振海 齐 峰 任永鹏

你们提出的“道岔自动注油机”荣获局 2013 年合理化建议和技术改进成果优秀奖。

特颁发此证书，以资鼓励。

北京铁路局

二〇一四年一月

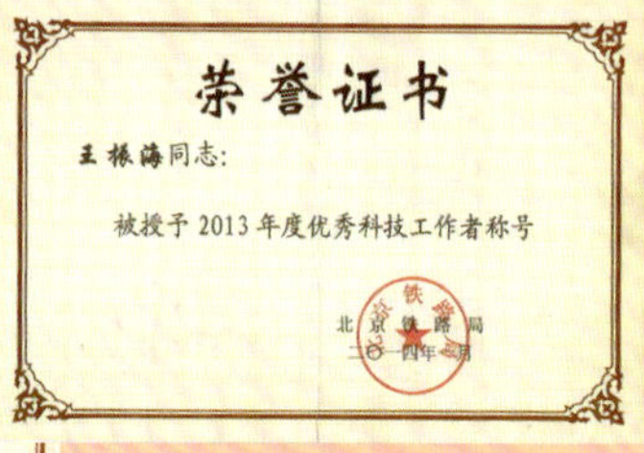
荣誉证书

王振海同志：

被授予 2013 年度优秀科技工作者称号

北京铁路局

二〇一四年一月

成果

1. 便携式 LKJ 监控系统测试仪

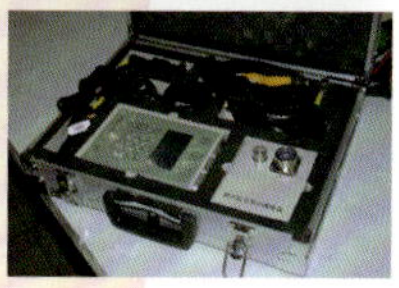

王振海从实际工作经验出发，在业余时间研制出便携式 LKJ 监控系统测试仪，该项成果于 2012 年通过北京局科技鉴定，并获得“北京铁路局科技进步二等奖”。同年顺利通过铁道部产品质量检验，并通过北京局工业产品审核。该项科技成果属全路首创，填补了全路没有电务车载设备车上在线综合测试仪的空白，为电务车载设备提供了强有力的检测手段。目前该成果已经在全路十余个铁路局推广使用，得到了现场使用单位的一致好评。该测试仪已申请了实用新型专利并创造了价值数百万元的经济效益。

2. 人身防护数字化语音提示系统

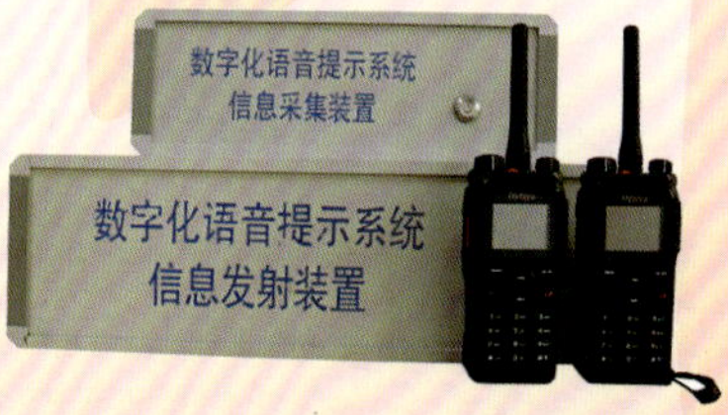

王振海 2013 年开始主要参与研制了人身防护数字化语音提示系统（列车接近预警系统），该系统是为了防止发生铁路沿线作业人员人身伤害事故而研制的。具备根据区间列车运行位置和站内列车排列进路实时情况，通过数字无线通信手段，将所需要的列车接近信息，发送到被防护对象的手持终端，进行有针对性的人身安全语音提示播报，解决了行车密度大、现场作业人身防护困难的现实问题。该项目 2016 年获得北京局科技进步一等奖，并在朔黄铁路三汲站、沈阳铁路局旧站示范推广使用。

3. 便携式机车信号发码器

王振海于 2016 年研制的新型便携式机车信号发码器，主要特点是小巧灵活，携带和使用都很方便，并可遥控操作，具有很强的实用性和先进性。目前该发码器已经形成产品，进行了小批量生产，正在进行全面的推广，将产生良好的社会效益和经济效益。

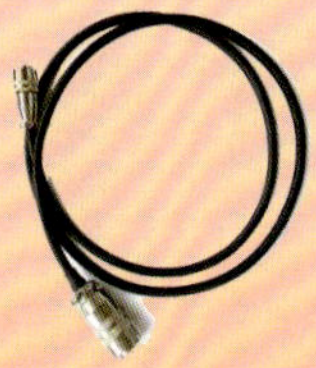

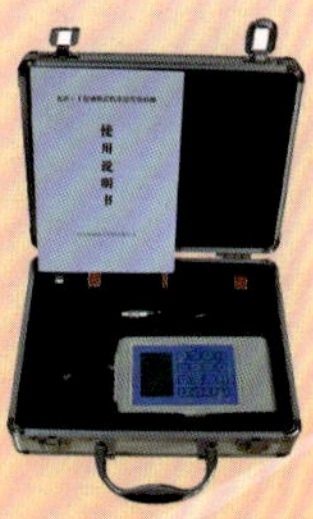

勇于创新、勇挑重担的高级技师——赵志民

人物

赵志民,男,1971年生,大专学历,电机钳工高级技师。1990年12月参加工作,现任北京铁路局石家庄电力机务段检修车间牵电一组班组长。

作为牵电一组的班组长，赵志民同志非常热爱自己的岗位。能够以勤为本，做到“眼勤，手勤，脚勤”。工作中，发现技术上的难题，绝不回避，积极组织班组职工召开“诸葛亮会”，出主意，想办法，不把问题解决绝不罢休。通过自己的努力，相继研发了具有路内领先水平的“机车用压力释放阀试验台”“便携式直流电动机中心线试验台”“机车冷却器清洗及密闭实验台”等多项成果荣获路局级奖项。

荣誉

2015年	科技进步三等奖	路局级

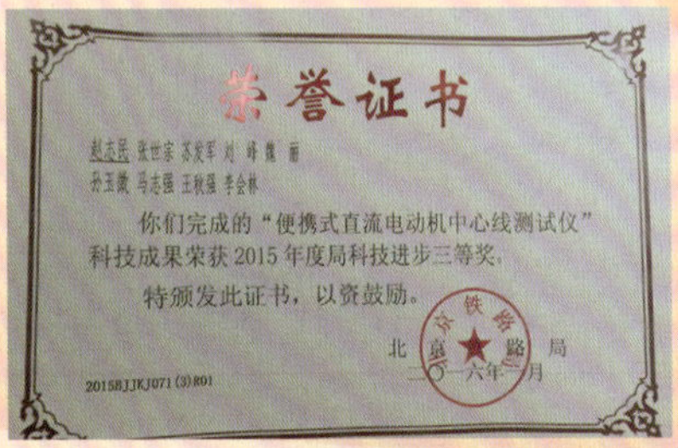

荣誉证书

赵志民 张世宗 苏发军 刘 峰 魏 丽
孙玉斌 马志强 王秋强 李会林

你们完成的“便携式直流电动机中心线测试仪”科技成果荣获2015年度局科技进步三等奖。

特颁发此证书，以资鼓励。

北京铁路局
二〇一六年一月

2015BJJKJ071(3)R01

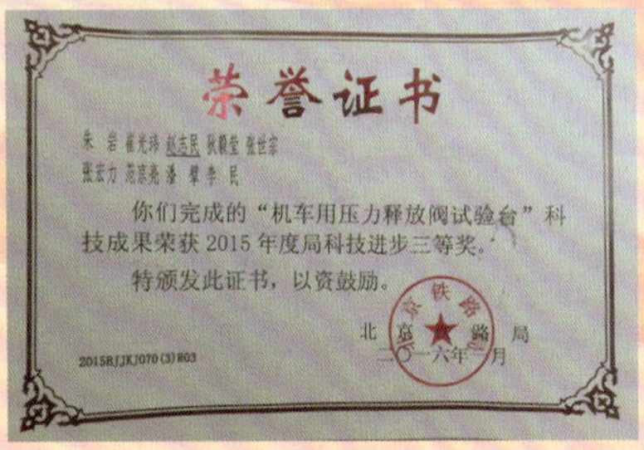

荣誉证书

你们完成的“机车用压力释放阀试验台”科技成果荣获2015年度局科技进步三等奖。

特颁发此证书，以资鼓励。

北京铁路局
二〇一六年一月

2015BJJKJ070(3)R03

成果

1. 便携式直流电动机中心线测试仪

由赵志民研制的便携式直流电动机中心线测试仪是一种实用型直流电动机测试设备。该测试仪可以用于直流电动机主极中心线与刷架装置中心线在空间上是否重合进行测量。该便携式直流电动机中心线测试仪同以往的测试仪相比，具有检测速度快、自动化程度高、体积小、重量轻及使用不受地点限制的优点，对提高牵引电动机质量，保证机车正常运行有非常重要的意义，深受检修人员的欢迎。该成果获 2015 年北京铁路局科技进步三等奖。

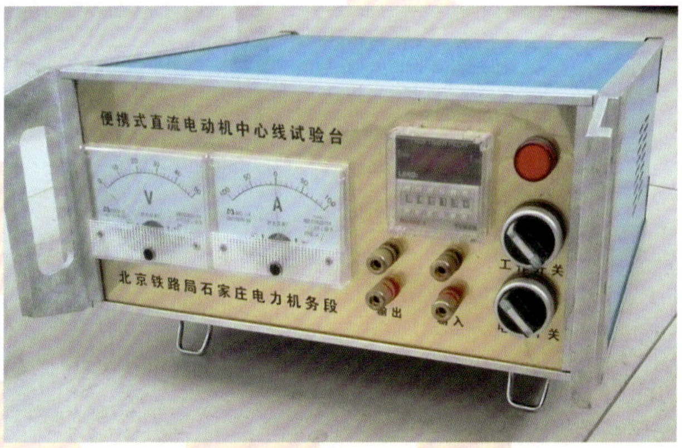

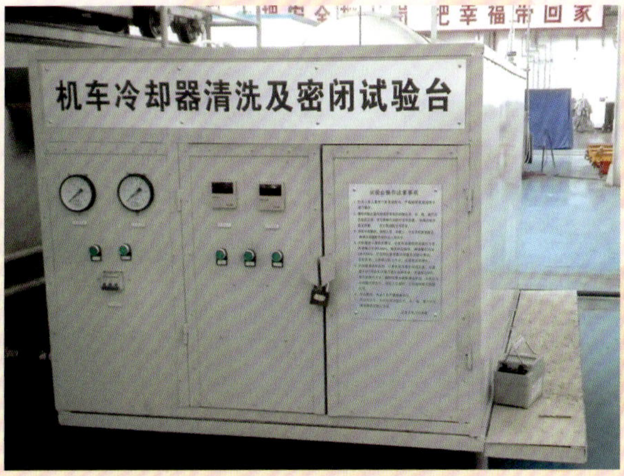

2. 机车冷却器清洗及密闭实验台

赵志民研制出的机车冷却器清洗及密闭试验台，采用空气水泡清洗技术，原理上与超声波清洗类似，是依靠空气水泡破裂时产生的冲击力破坏冷却器翅片表面附着的污物，使其脱离翅片表面，达到清洗的目的。该试验台设备投资小，水、电、气、热蒸汽全部采用检修库内已经安装的设备。试验台设计新颖，操作简便，清洗效果好，工作效率高，达到了预期的目标。该成果 2016 年通过了北京铁路局科委组织的技术评审，达到了路内先进水平。

3. 机车用压力释放阀试验台

赵志民研制的机车用压力释放阀试验台可以对电力机车主变压器和高压电压互感器使用的压力释放阀进行检测，检测项目包括：开启压力、关闭压力、开启时间等三项内容。试验台操作简便，数据显示直观，测量结果准确。该成果获 2015 年北京铁路局科技进步三等奖。

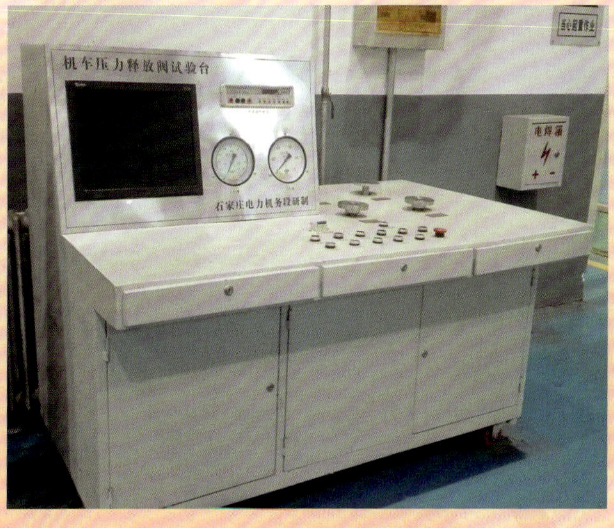

心系现场、细心动脑的技师——邵中

人物

邵中，男，1970 年生，中共党员，中专学历，路局首席技师。1991 年 8 月参加工作，现于石家庄车辆段设备车间维修班组从事设备维修工作。

他从事设备维修工作以来共计完成 2 号轴承磨合机、轮对除锈机等技术革新，完成交叉杆标志板打号机、制动软管螺纹除锈机、上心盘与上旁承组对装置等 6 项发明创造。各项科技创新成果的应用实施赢得了领导的肯定和同事的好评，先后荣获 2013 年度北京铁路局“技术改进标兵”、段“优秀民兵”，2014 年度段“先进工作者”及“十大文明家庭”等荣誉称号。

荣誉

2013 年	河北省科技质量成果奖	省级
2013 年	合理化建议和技术改进成果优秀奖	路局级
2013 年	技术改进标兵	路局级
2014 年	合理化建议和技术改进成果三等奖	路局级
2015 年	全路技术能手	总公司级
2015 年	河北省优秀科技质量成果奖	省级
2015 年	优秀高技能人才	路局级
2016 年	机修钳工首席技师	路局级

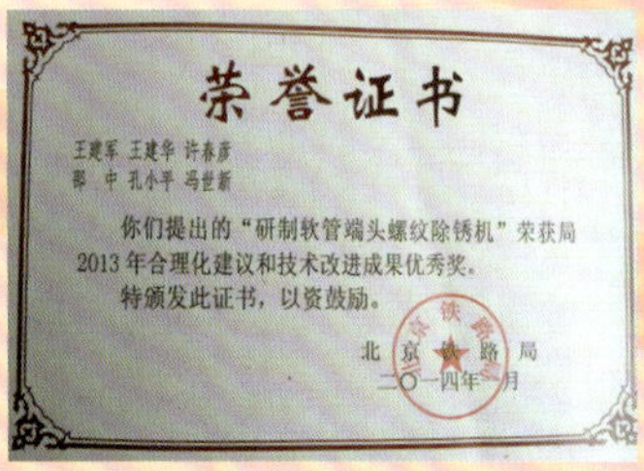

荣誉证书

王建军 王建华 许春彦
邵 中 孔小平 冯世新

你们提出的“研制软管端头螺纹除锈机”荣获局 2013 年合理化建议和技术改进成果优秀奖。

特颁发此证书，以资鼓励。

北京铁路局
二〇一四年 月

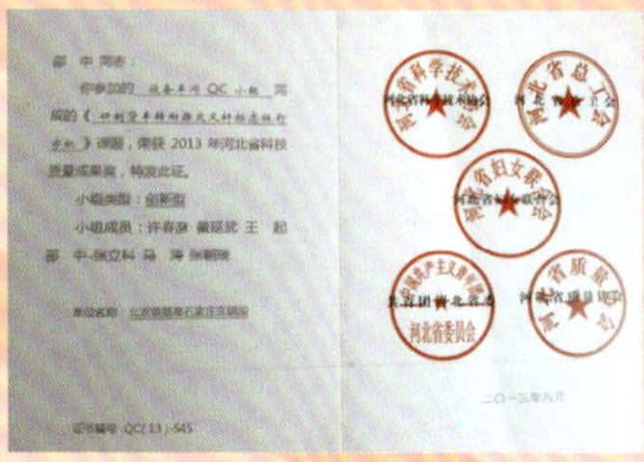

成果

1. 制动软管端头螺纹除锈机

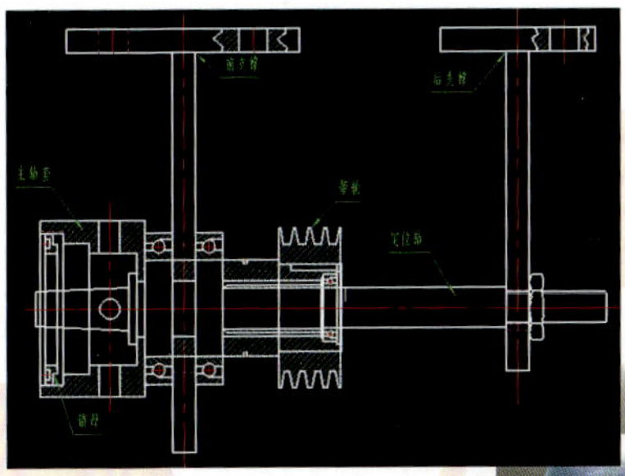

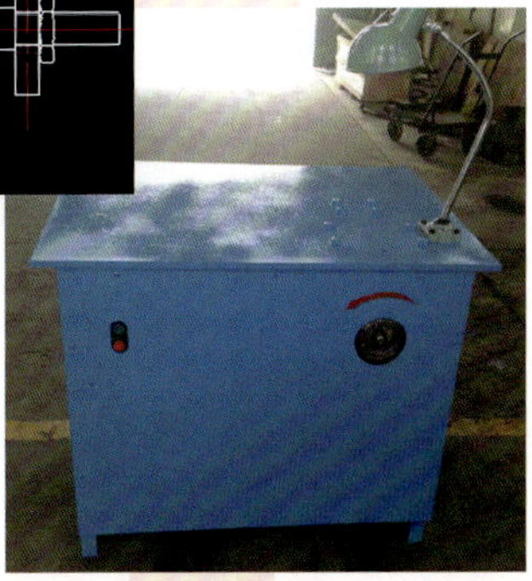

货车检修中制动软管螺纹处通常有附着物，影响后面工序。目前，路内各单位均采用手工除锈方式，即采用钢丝刷清除螺纹上的附着物。此手工作业方式平均用时为 9.7 分钟。针对此情况，邵中研制了制动软管端头螺纹除锈机，采用电动机带动内绕式钢丝刷高速旋转，将软管端头放入钢丝刷内数秒即可完成清理。作业用时降低到了 11 秒，极大提高了工作效率。

2. 货车转向架交叉杆标志板打字机

货车转向架交叉杆标志板须进行刻打，目前为手工刻打，每天至少要刻打 200 个，需要 4 名师傅全天刻打，且质量不佳，易出错，字体排列不齐。针对上述问题，邵中研制了研制货车转向架交叉杆标志板打字机，利用高频脉冲阀以 200 次 / 秒的速度快速开关，引导硬质合金针头往复动作，完成刻打。每个标志板作业时间从 11.7 分钟降低到 0.2 分钟，且刻打效果良好。

3. 上心盘上旁承组对装置

铁路货车检修时上旁承需对位后进行焊接，目前为人工测量后将旁承托举，进行焊接，劳动强度大，焊接误差大，造成定位焊修故障率达 81%。针对上述问题，邵中研制了“上心盘上旁承组对装置”。通过固定旁承与上心盘中心距，利用风动控制，将旁承顶升至固定位，再进行焊接。该装置的投入使用，使作业需要的四人降低至一人，定位焊修故障率由 81% 下降到 6%。

技术革新能手——杨献章

人物

杨献章，男，1960 年生，大专学历，路局首席技师。1977 年 7 月参加工作，现任石家庄车辆段石家庄动态车间电脱组工长。

杨献章工作中以身作则，努力学习技术，精通业务，刻苦攻关，不断解决设备运行中存在的问题，如：研制油水分离器滤杯清洗试验台、改进微控列车试验器执行器内部风管路、改进电控大闸现场控制箱箱体、改进电动脱轨器牌灯线接头方式等疑难问题，保证了设备的稳定运行和人身安全，节约了大量材料费用。多年来，他理论联系实际，2008 年至 2016 年连续九年发布的 QC 成果，荣获河北省优秀科技质量成果奖和全国优秀成果奖，其所在班组被任命为全国优秀 QC 小组。由于成绩突出，杨献章及其所在班组连续九年分别荣获路局“先进个人”及“先进班组”。

荣誉

2012 年	先进生产（工作）者	路局级
2012 年	河北省优秀科技质量成果奖	省级
2013 年	全路技术能手	总公司级
2013 年	河北省优秀科技质量成果奖	省级
2013 年	河北省科技论文一等奖	省级
2014 年	河北省优秀科技质量成果奖	省级
2014 年	首席工人技师	路局级
2015 年	优秀 QC 成果奖	路局级
2015 年	河北省优秀质量成果奖	省级
2016 年	河北省优秀科技质量成果奖	省级
2016 年	优秀 QC 成果奖	路局级

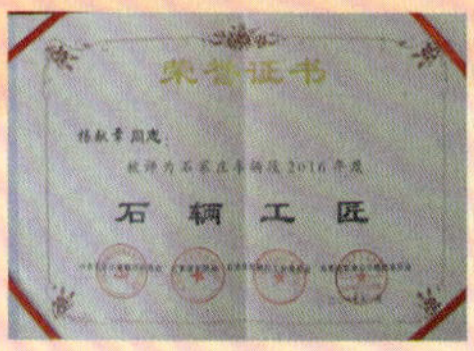

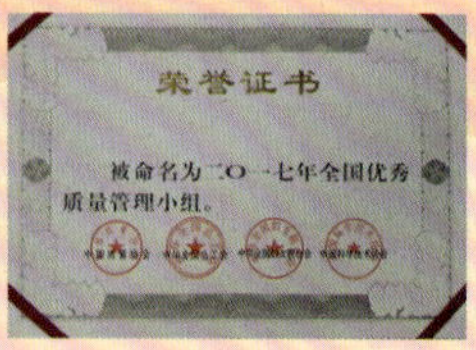

成果

1. 脱轨器转辙机电缆改造

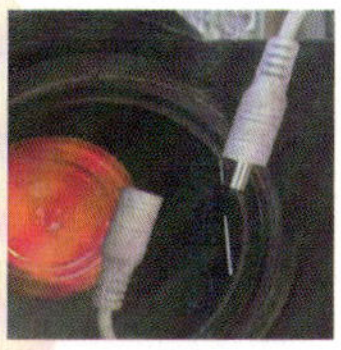

针对电动脱轨器转辙机电缆故障率较高的问题，杨献章进行了技术革新，在转辙机处新增分线盒，使用软线进入转辙机并加装防护套，并采用专用防水速接连接器连接显示电路。降低故障率 95% 以上，每年节省材料费用十七万余元。保证了设备的稳定运行和列检现场作业人员的人身安全，同时也降低了维修人员的劳动强度。

2. 微控列车试验器从站控制板改造

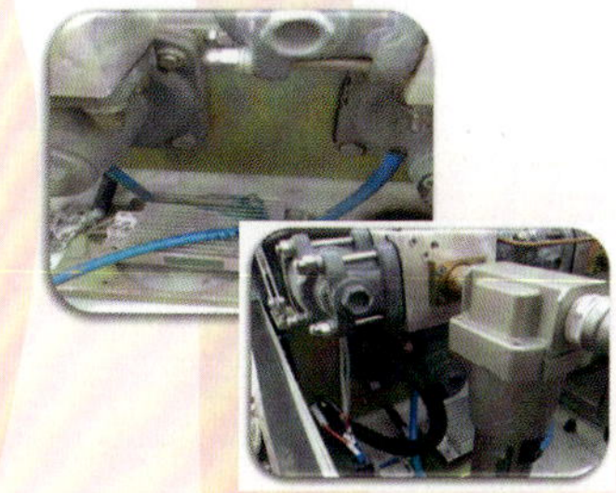

针对微控列车试验器从站控制板故障率较高的问题，杨献章进行了技术革新，采用耐高温尼龙管，并对管路走向重新布局，绕开了散热片，从控制柜底部的排水孔直接向控制柜外排风，改造后消除了主板锈蚀造成的故障，并且每年节省费用十五万余元。

3. 油水分离器清洗试验台

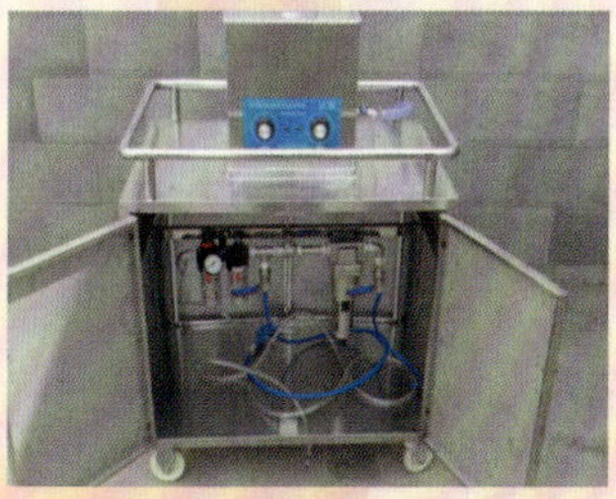

杨献章研制的油水分离器清洗试验台由超声波清洗器、压力调整风表、风源净化器、专用风枪、滤杯安装座、风管路和万向轮小推车七部分组成。油水分离器滤杯清洗试验台解决了因人工清洗造成的损坏，填补了铁路车辆系统的此项技术空白。每年可节省材料费用十二万余元，此设备已得到车辆段的推广使用。

4. 微控列车试验器执行器改造

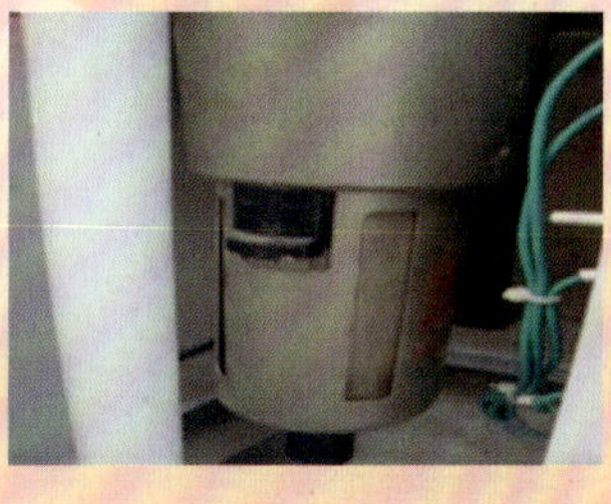

针对微控列车试验器执行器压力数据不准确的问题，杨献章进行了技术革新，增加了油水分离器向外部排污的管路，减少了风源杂质，确保传感器灵敏度。消除了微控列车试验器执行器故障，并且每年节省材料费用八万五千余元。

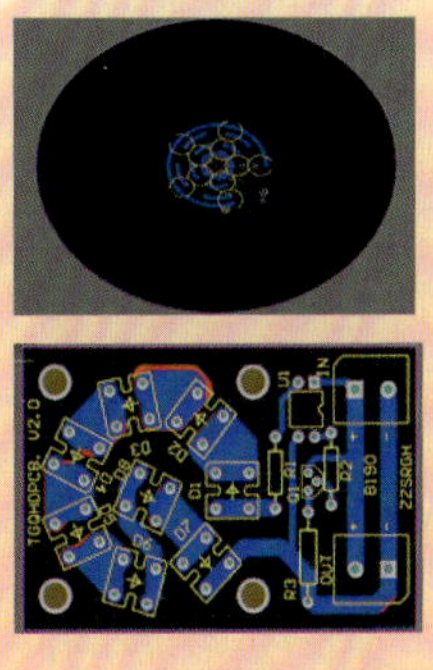

5. 微控脱轨器信号灯源改造

针对 LDT-3 型微控脱轨器防护信号故障率较高的问题，杨献章进行了技术革新，研制出新型 LED88 型发光电路板，发光强度高且稳定耐用，并在电路板上新增稳流电路，防止因电网及电力机车干扰引起的电路板故障，通过革新改造减少此类故障 93% 以上，并且每年节省材料费用八万余元。

埋头钻研、善于创新的高级技师——蔡海果

人物

蔡海果，男，1972 年生，中共党员，本科学历，高级技师。1993 年参加工作，现任石家庄建筑段石家庄电力车间电工。

蔡海果 25 年来长期从事电梯、供暖机电设备维修保养工作。曾解决锅炉超温、超压报警联锁和 CPU226CN 主模块故障等多项供暖生产技术难题，主导编制了建筑段机电设备综合维修工艺修程，是燃气锅炉、换热站远程监控技术排头兵。研制的“燃气锅炉运行气候补偿控制系统”平均每年节约天然气成本 100 多万，获得路局 2016 年度科技进步三等奖，“GPRS 采暖用户室内温度远传装置”获得路局 2016 年合理化建议和技术改进三等奖。蔡海果技能突出，近年来参加段、路局、总公司技术比武成绩优异，先后获得 2014 年段技术比武综合维修工组第一名、局房建系统维修组第二名、2016 年中国铁路总公司铁路房建系统电工职业技能竞赛第八名。此外他还把自己的技术经验总结制作成燃气锅炉机电知识、电工实作项目讲解等课件带动全段电工学技练功，被评为段 2016 年优秀兼职教师。

荣誉

2014 年	技术比武房建系统维修组第二名	路局级
2014 年	技术能手	路局级
2016 年	合理化建议和技术改进成果三等奖	路局级
2016 年	科技进步三等奖	路局级
2016 年	房建系统电工职业技能竞赛第八名	总公司级

成果

1. 燃气锅炉气候补偿控制系统

2014 年，铁路系统安装的燃气锅炉出水目标温度只能人工手动设定，不能根据昼夜交替和初冬深冬的变化及时自动调整。蔡海果和同事们经过一年的共同研究，使石家庄建筑段两台燃气锅炉实现了按用户室内温度和气候变化自动调节负荷运行，既节约了天然气，又保证了供暖质量。

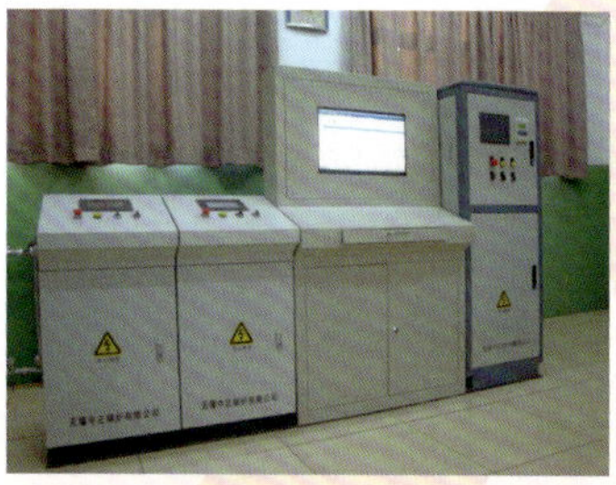

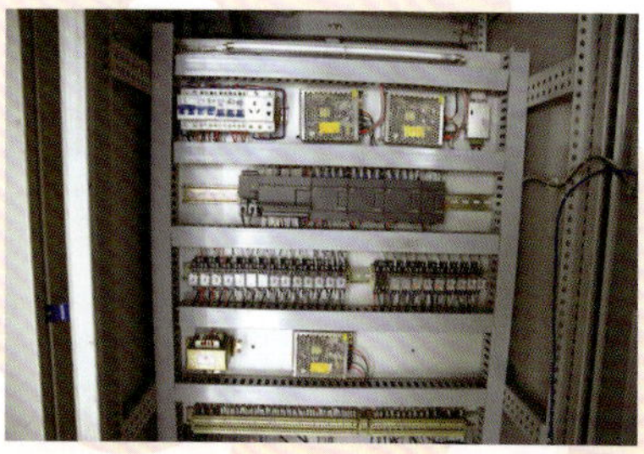

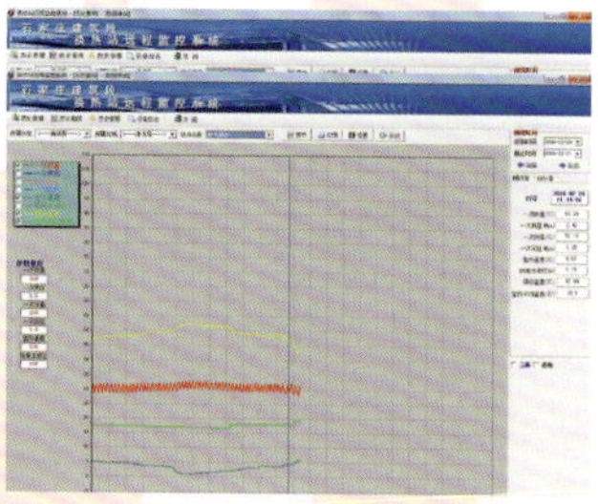

2.GPRS 采暖用户室内温度远传装置

蔡海果同志研究了大量通信、传感器技术资料后，利用无线传输和温度传感技术，与厂家合作研制了 GPRS 采暖用户室内温度远传装置。该装置具有对 136 家采暖用户的室内温度、时间、位置等信息实时显示、历史查询、故障报警等功能，从而解决了司炉工每天两次入户测温回访和人工测量误差的问题。

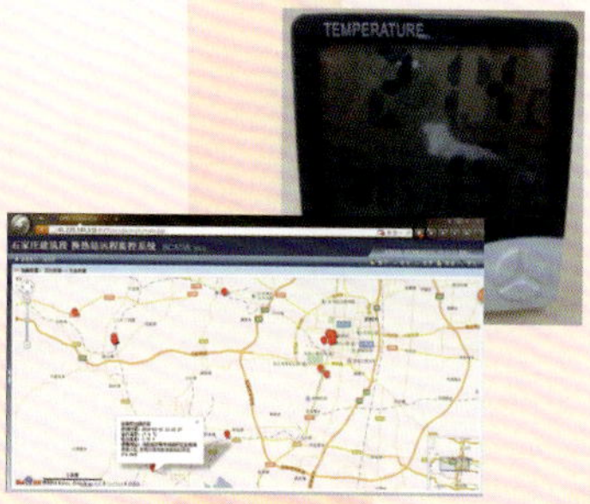

3. 锅炉超温超压报警联锁装置

保定建华锅炉房的两台 DZL10.5-1.0/115/70 高温热水锅炉，因年限较长，出水温度、压力检测仪表不稳定、误差很大，且循环泵突然停泵的报警和联锁保护功能等都不能正常工作。蔡海果亲自选型自控仪表、配线、安装并调试锅炉超温超压报警与联锁控制箱，及时解决了问题。

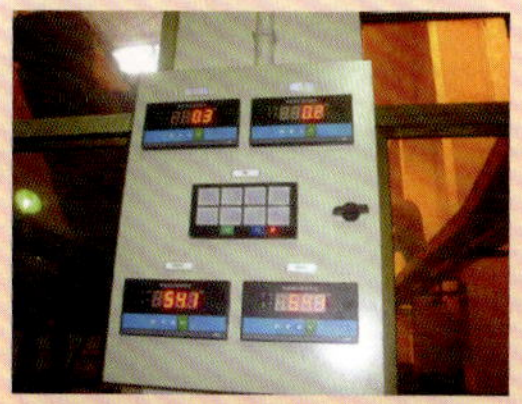

创新之星

科技创新能手——李世军

人物

李世军，男，1970年生，中共党员，大专学历，路局首席技师。1992年参加工作，现为石家庄段邯郸站驼峰值班员。

李世军在聘为技师以来，在安全生产方面积极主动为车间出谋划策，出台“横过线路三三制”“防溜五原则”“钩档作业五不进”等等一系列安全卡控措施。在科技创新方面，他紧密结合现场实际，勤于动脑，心系岗位，直接参与了“峰尾停车器做功状态明示装置”的研发，获得河北省2016年优秀质量成果奖。2013年直接参与了“无人看守道口自动提示装置”的研发，获得北京铁路局2013年合理化建议和技术改进成果二等奖。同时拍摄了《规范安全行为，树立四种意识，落实安全制度，确保人身安全》教育片，并在多家报纸上发表文章近30篇，为保证现场的安全稳定作出了自己的努力。

荣誉

2013年	合理化建议和技术改进成果二等奖	路局级
2016年	河北省科技质量成果优秀奖	省级

成果

1. 无人看守道口自动提示装置

李世军直接参与了无人看守道口自动提示装置的研制。当机车车辆运行至无人看守道口时，此时道口警示灯闪烁，同时进行语音提示过往车辆和行人 “机车车辆通过请注意安全”；当没有机车车辆通过时，设置在道口的雷达系统扫描到机动车辆、行人通过道口的信息后，分控器进行信息处理，通过无线传输驱动声光报警器进行报警，提示“前方道口请注意安全”，使其慢速通过道口，有效防止了调车列车与机动车和行人相撞事故的发生。

2. 峰尾停车器做功状态明示装置

李世军直接参与研制的 “峰尾停车器做功状态明示装置” 获得河北省 2016 年优秀质量成果奖。该装置的明示灯亮白灯表示停车器处于制动状态，明示灯闪红灯表示停车器处于缓解状态，并伴有 “××× 道缓解” 的提示音，作业人员不仅能看到，还能听到停车器做功状态，极大方便了职工作业，尤其是在夜间和天气不良条件下，更便于作业人员确认停车器制动缓解状态，有效防止车辆溜逸事故的发生。

3. 尽头线作业提示装置

李世军研制的尽头线作业提示装置分为尽头线作业提示装置和尽头线作业警报装置。在尽头线入口处安装尽头线作业提示装置，电磁感应装置采集到作业车辆信息后，通过无线发射模块向警报装置发送检测指令，警报装置把尽头线内的停留车情况通过无线模拟信号发送回来，提示装置根据情况，进行灯光和语音的相应提示，如果尽头线有车，提示“尽头线有车，降低车速”，如果尽头线为空线，提示 “尽头线作业，控制车速”。在尽头线距离土挡 15 米处安装尽头线作业警报装置，当顶送车列运行至该地点时，该装置提示 “接近土挡，立即停车”。

奋斗不止、勇于创新的科研达人——姜越

人物

姜越，男，1974 年生，大专学历，工人技师。1995 年参加工作，现任石家庄供电段邯郸变配电检修车间变电检修二工区副工长。

姜越在工作中，踏实肯干，勤奋努力，熟练掌握牵引变电所、分区所、AT 所的操作、检修及测试工作，尤其对继电保护、测控回路、交直流系统等方面的故障，能够准确判断，迅速处理。熟知测控装置、试验仪器内部结构及低压控制部分，能维修测控装置、试验仪器。刻苦钻研，热爱学习，具有电子、单片机技术专长，能独立完成科研项目软硬件的设计工作。2013 年，因工作业绩突出，被评为北京铁路局先进生产者，获北京铁路局建功立业奖章一枚。2013 年，研制了变电所亭传动试验仪，解决了电气保护回路传动试验时使用传统继保测试仪笨重、需要人数较多的问题，提高了生产效率，节约了人力物力。该仪器获得石家庄供电段科技创新奖一等奖，北京铁路局科技进步奖优秀奖。2015 年，作为主研人之一参与研制了多路模拟量回路极性校验仪，解决了传统互感器极性校验方法费时费力、易出错的问题。2016 年该仪器获得北京铁路局科技进步二等奖，同年获得国家知识产权局实用新型专利证书。

荣誉

2013 年	先进生产(工作)者	路局级
2013 年	科技进步优秀奖	路局级
2016 年	科技进步二等奖	路局级
2016 年	实用新型专利	国家级

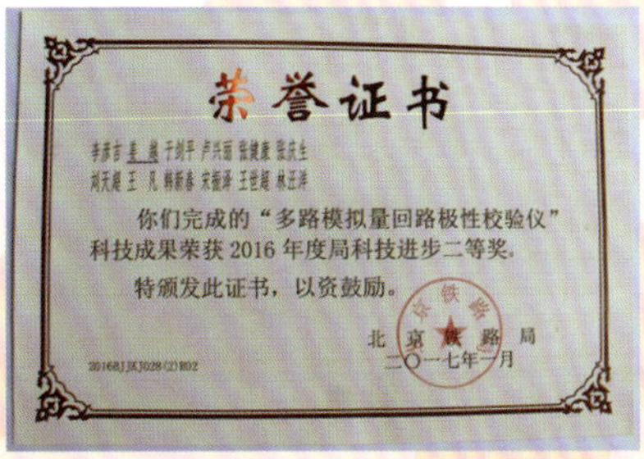
荣誉证书

你们完成的“多路模拟量回路极性校验仪”科技成果荣获2016年度局科技进步二等奖。

特颁发此证书，以资鼓励。

北京铁路局

二〇一七年一月

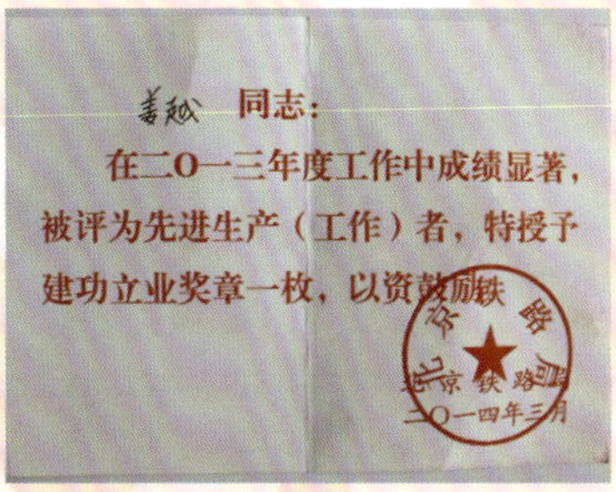
姜越 同志：

在二〇一三年度工作中成绩显著，被评为先进生产（工作）者，特授予建功立业奖章一枚，以资鼓励。

北京铁路局

二〇一四年三月

成果

多路模拟量回路极性校验仪

姜越研制的多路模拟量回路极性校验仪，是针对现有“点极性”测试程序复杂、测试结果错误较多、危险性较大，且测试后因错误的测量结果导致保护误动，以及测量异常等问题而研制的。多路模拟量回路极性校验仪在借鉴了“点极性”测试原理的基础上研制而成的。采用了电气隔离放电技术和电气隔离采样技术，使强弱电回路分离，减轻了强电对弱电回路的干扰，确保测试结果准确。多路模拟量回路极性校验仪的应用，保证了牵引供电安全，杜绝了因极性校验的错误而导致的行车损失。

技术能手

Jishu Nengshou

积极进取、勇立潮头展风采的全路首席技师——刘春生

人物

刘春生，男，1973年生，中共党员，大专学历，全路首席技师。1995年8月参加工作，现为检修车间机车电工高级技师，车间调度。

刘春生同志学习上孜孜不倦，工作认真负责，能够模范地履行高级技师职责和义务。近年来，该同志总结梳理在抢修机车过程中遇到的各类故障及处理方法，与职教科合作，先后完成了机车检修故障及处理办法等共计7项成果。获得2011年北京铁路局技术比武第三名，2013年北京铁路局学规比武第四名，2014年段技术比武第一名。2014年在第四届全国铁道行业技能大赛中取得机车电工组第五名的好成绩。一分耕耘，一分收获，他多次获得段级“先进生产者”“工会积极分子”荣誉称号，2012年路局授予其“十五建功立业先进个人”称号；2014年国家劳动和社会保障部授予其“全国技术能手”称号，中华全国铁路总工会授予其“火车头”奖章和“全路技术能手”称号。

荣誉

2014 年	全国铁道行业技能大赛机车电工第五名	总公司级
2014 年	全路技术能手	总公司级
2014 年	全国技术能手	国家级
2014 年	“火车头”奖章	总公司级

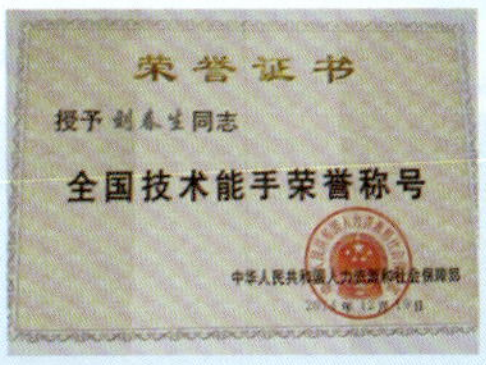
荣誉证书
授予 刘春生同志
全国技术能手荣誉称号
中华人民共和国人力资源和社会保障部

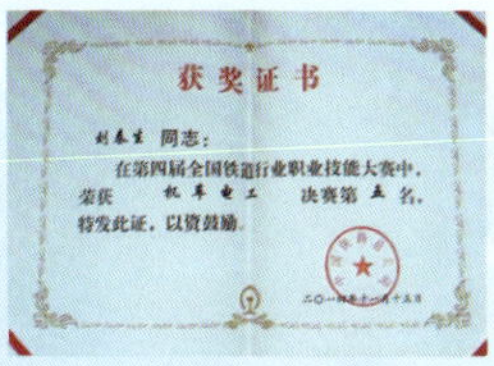
获奖证书
刘春生 同志：
在第四届全国铁道行业职业技能大赛中，荣获 机车电工 决赛第 五 名，特发此证，以资鼓励。

荣誉证书
刘春生 同志：
荣获 2014 年度全路技术能手称号。
中国铁路总公司

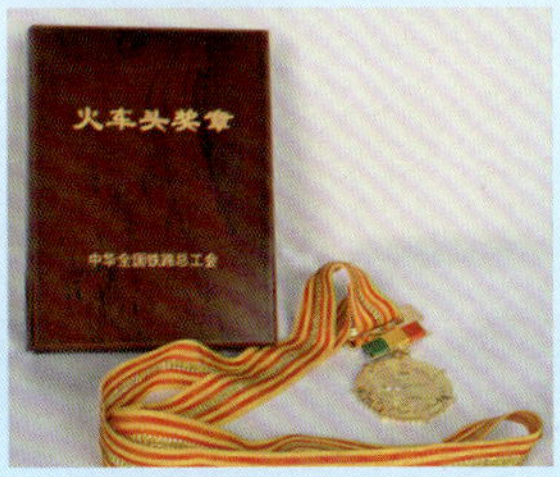

“观速、观距”调车能手——李志勇

人物

李志勇，男，1975 年生，大专学历，路局首席技师。1994 年入路，从事调车工作二十多年，历任石家庄南站制动员、连接员、调车长职务。

李志勇在工作中始终严格要求，以身作则，认真执行作业标准、工作程序，落实安全卡控措施。在他的带领下，其所在调车班组已实现连续安全生产 8500 多天；他工作敬业，基本功扎实，在多年的工作实践中练就出一套调车作业“观速、观距”的过硬本领，“观速”时不用读秒也能准确的观出机车速度来，“观距”时不用看任何参照物也能准确的观测出距离，并被聘为北京铁路局调车长首席技师。他业务精湛，技能高超，在历年技能大赛中取得优异成绩。2012 年以来，他先后获得北京铁路局技能竞赛调车组第三名和第一名，并荣获“北京铁路局技术能手”“全路技术能手”等荣誉称号。

荣誉

2013 年	技术能手	路局级
2013 年	全路技术能手	总公司级
2013 年	先进生产（工作）者	路局级
2014 年	车务系统技能竞赛调车组第一名	路局级
2014 年	首席技师	路局级
2014 年	先进生产（工作）者	路局级

李志勇 同志：
在二〇一四年度工作中成绩显著，被评为先进生产（工作）者，特授予建功立业奖章一枚，以资鼓励。

荣誉证书
李志勇 同志：
荣获2013年度全路技术能手称号。
中国铁路总公司

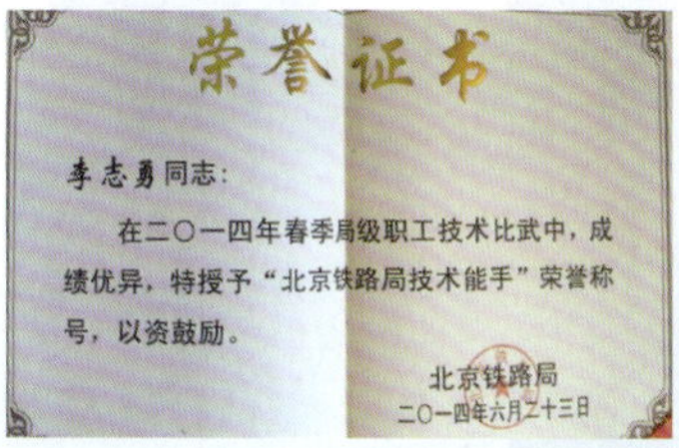
荣誉证书
李志勇 同志：
在二〇一四年春季局级职工技术比武中，成绩优异，特授予“北京铁路局技术能手”荣誉称号，以资鼓励。
北京铁路局
二〇一四年六月二十三日

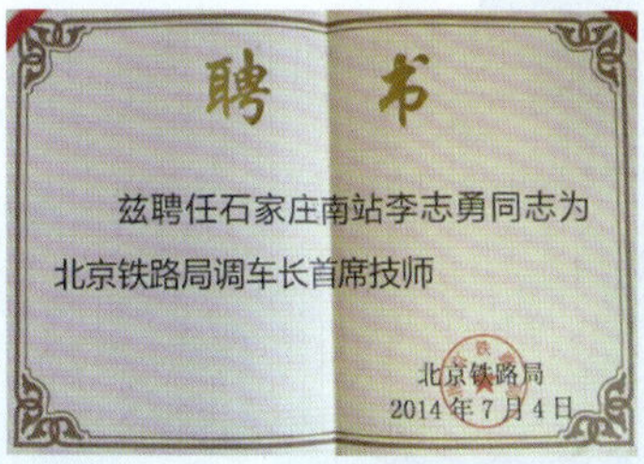
聘书
兹聘任石家庄南站李志勇同志为北京铁路局调车长首席技师
北京铁路局
2014年7月4日

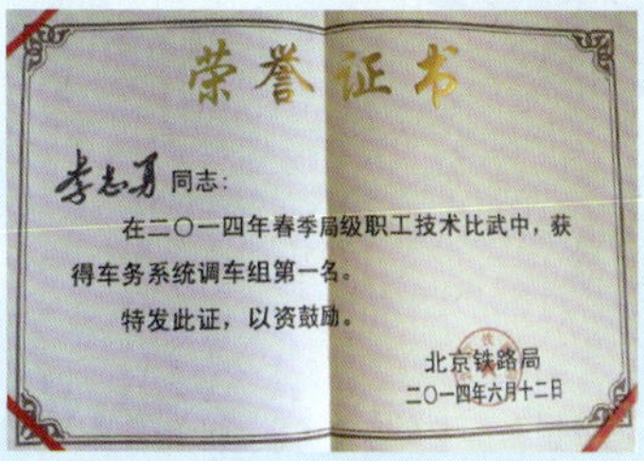
荣誉证书
李志勇 同志：
在二〇一四年春季局级职工技术比武中，获得车务系统调车组第一名。
特发此证，以资鼓励。
北京铁路局
二〇一四年六月十二日

技术业务标兵——张拥强

人物

张拥强，男，1977 年生，大专学历，路局首席技师。1995 年参加工作，现任邯郸机务段邯郸运用车间机车乘务员。

张拥强熟练掌握了乘务员各项故障处理、非正常行车处理等技能，对担当的区段站场设备情况了然于胸。他时刻牢记“毛泽东号”司机作业标准，遵章守纪，严于律己，团结同志，实现安全行车 2000 余趟，处理机车故障 80 多起，防止各类事故 20 余件；努力钻研技术业务，积极参加各项技术竞赛活动，并在竞赛活动中取得了优异的成绩。在 2013 年丰台机务段春季技术比武获得第三名，2014 年春季邯郸机务段技术比武第四名并代表段参加路局技术比武决赛获得路局运用组第四名，2014 邯郸机务段新技规比赛第三名和 2014 年邯郸机务段秋季技术比武第四名。先后获得 2013 年度段“技术能手”、 2013 年路局“毛泽东号司机”、2013 年路局“先进生产者”、2014 年段 “技术标兵”、 2014 年路局“建功立业”奖章等各项表彰。

荣誉

2013 年	“毛泽东号”司机	路局级
2013 年	路局先进生产（工作）者	路局级
2014 年	技术能手	路局级
2014 年	技术比武运用组第四名	路局级
2014 年至 2017 年	首席技师	路局级

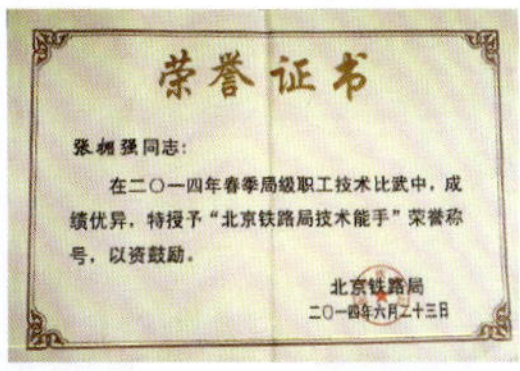

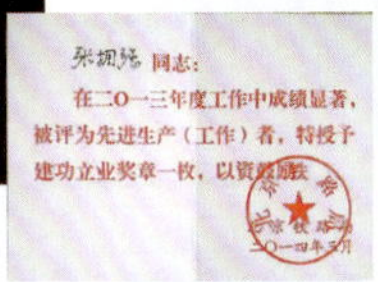

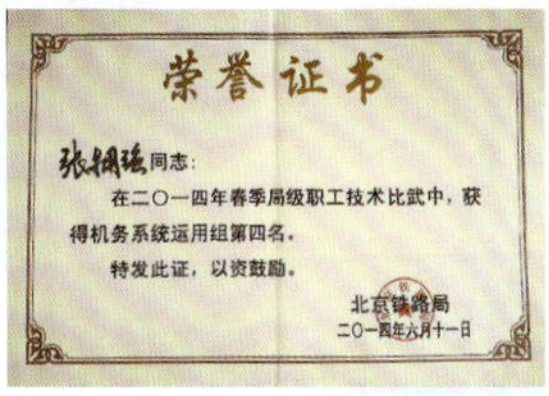

成果

行车应急处理方法总结

张拥强在长期的工作中总结了一套列车运行中发生列车管压力突降为零的快速处理法，可概括为“一听、二看、三检”。“一听”是指听报警声音，判断是机车制动系统故障还是其他故障。“二看”是指看监控装置显示是否监控装置动作，紧急灯是否亮，看机车信号显示是否正常，看 DDU 显示屏是否有故障显示，根据显示的结果分析原因。“三检”是指首先关闭机后第一位车辆折角塞门，大闸运转位充风试闸进行判断，若正常则为车辆部分故障，否则为机车部分故障。

通过在车间各机车队推广运用三步快速处理法，极大的缩短了乘务员处理非正常故障的时间，提高了京广线运行的畅通能力，减少了因乘务员处理不当造成的意外事故。

敬业爱岗、勤于钻研的模范工长——李春青

人物

李春青，男，1968 年生，高中学历，电焊工技师。1986 年参加工作，现任石家庄车辆段阳泉综合维修车间配件三组工长。

李春青作为车间技术骨干，敬业爱岗，勇于创新，日常工作中积极钻研货车配件制造方式，优化制作工艺。近年来，为全面适应车间新型配件批量化、规范化生产要求，带领班组质量管理小组积极开展了心盘垫板生产模具的研制、车体扶手制作工艺改进、车体扶手平锻机制、防脱挡块模具制作、模具生产工艺升级等较大技术课题 12 项。经现场生产检验，效果明显，使相关配件的产品质量得到大幅提高，生产效率提升明显，对车间新配件生产任务的顺利完成做出了突出贡献。

荣誉

2013 年	山西省质量信得过班组骨干成员	省级
2015 年	山西省优秀 QC 成果奖骨干成员	省级
2017 年	山西省优秀 QC 小组成员	省级

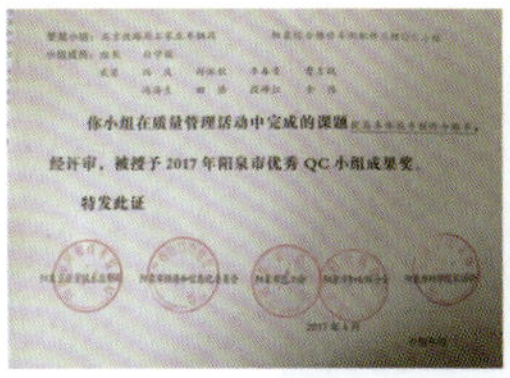
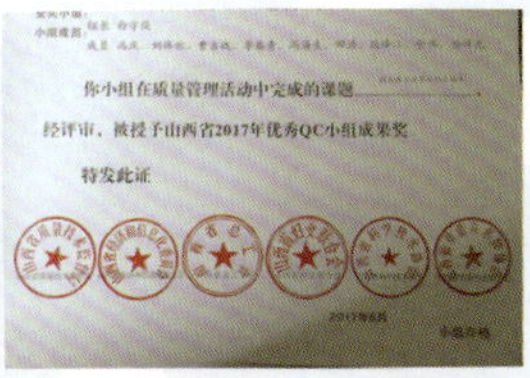
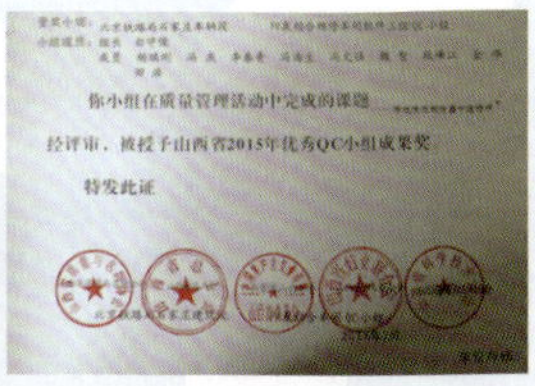
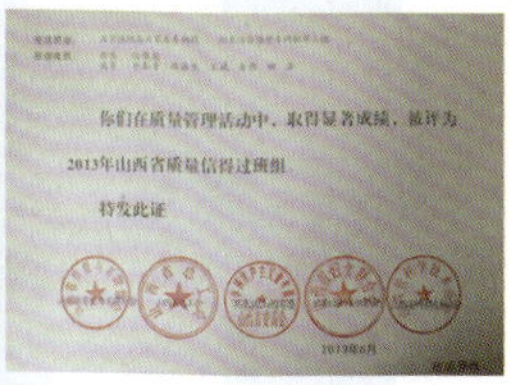
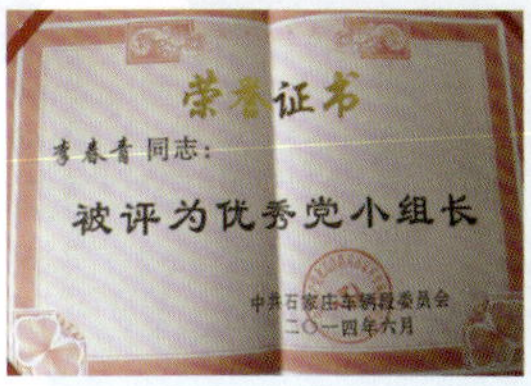

成果

心盘垫板生产模具

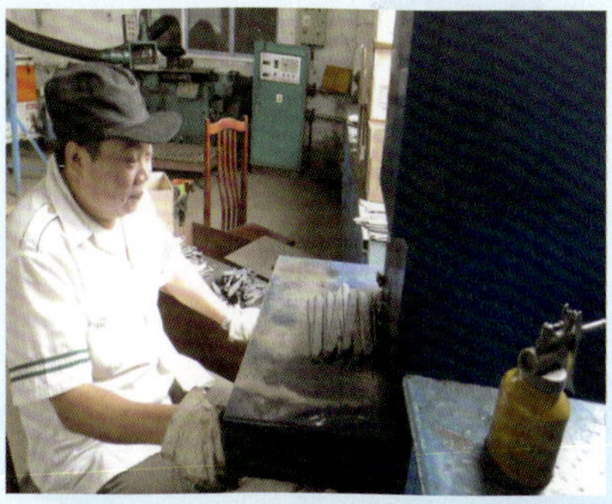

该项成果从改变心盘垫板的加工模式入手，将原有的眼孔钻削加工模式为模具复合冲压加工模式，全面克服了原生产工艺存在的产品质量问题、消除了委外加工环节，生产成本大幅降低，成果实施后，产品质量得到大幅提高，合格率达到 98.5%，经济效益显著。近 5 年来，仅心盘垫板一项，就为车间累计创造经济效益 27.5 万余元。

立足岗位刻苦钻研的技师——刘立新

人物

刘立新，男，1981年生，中共党员，大专学历，技师。2000年9月参加工作，现任石家庄车辆段南一运用车间一班工长。

刘立新同志时刻牢记自己是一名工人技师，始终站在队伍前列，遇有车辆新工艺、新技术运用，都在第一时间摸熟摸透。多次参加段、路局、总公司技术比武且榜上有名，特别是2015年以来成绩突出，受到上级多次嘉奖，相继获得2015年石家庄车辆段“技术能手”、2015年北京铁路局“党员技术能手”、2015年北京铁路局“尼红式青年”、2015年中国铁路总公司“全路青年岗位能手”、2016年北京铁路局“十大杰出青年”提名奖、2016年4月中华全国铁路总工会授予的“火车头”奖章等荣誉称号和奖项。

荣誉

2014 年	标准化班组长标杆	路局级
2015 年	职业技能竞赛车辆钳工工种第十四名	总公司级
2015 年	先进生产（工作）者	路局级
2015 年	全路青年岗位能手	总公司级
2015 年	尼红式青年	路局级
2015 年	党员技术能手	路局级
2016 年	“火车头”奖章	总公司级
2017 年	优秀技师	路局级

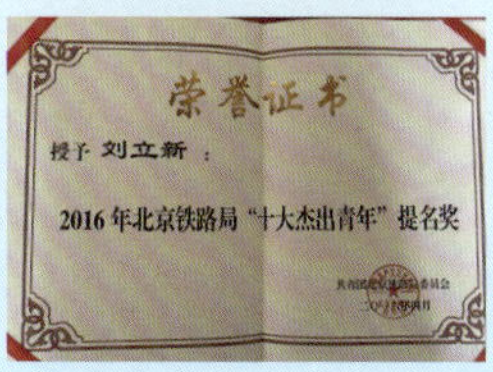

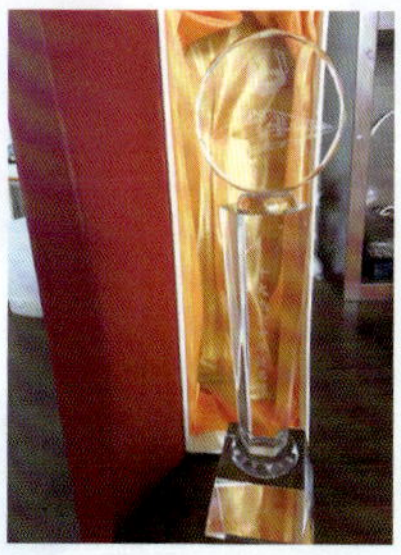

业务熟练、技术精湛的技术能手——邹力

人物

邹力，男，1983 年生，大专学历，技师。2004 年参加工作，现任邯郸工务段内丘线路车间内丘线路工区班长。

邹力在第四届全国铁道行业职业技能大赛中，取得线路工组第三名的好成绩，并获得“全路技术能手”及“火车头”奖章的殊荣，为自己和单位赢得了荣誉。2011 年，邹力代表段参加了路局举办的技术比武，获得了参加第三届全国铁道行业职业技能大赛的资格。经过三年的努力，他再次获得了参加第四届全国铁道行业职业技能大赛的资格，并通过不懈努力在全国铁道行业职业技能大赛中，取得了线路组第三名的好成绩。当很多人问他，如何获得诸多荣誉时，他说：“比赛没有什么捷径可谈，学理论、强实作、勤总结，日常工作中把线路当成练兵场，一点一滴的不断积累，而对于学习我永远都在路上。”

荣誉

2014 年	全路技术能手	总公司级
2014 年	全国技术能手	国家级
2014 年	全路青年岗位能手	总公司级
2014 年	“火车头”奖章	总公司级
2014 年	先进生产（工作）者	路局级

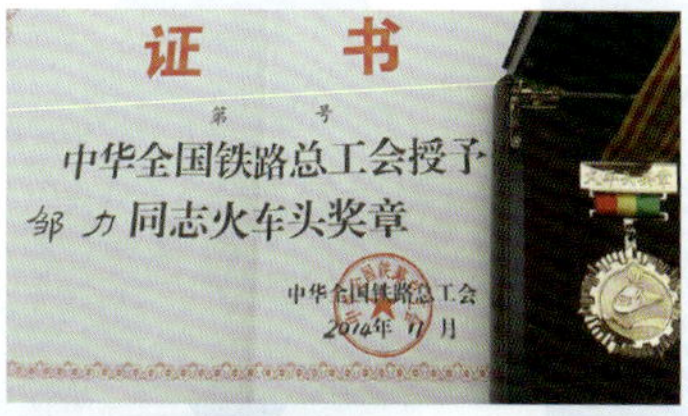

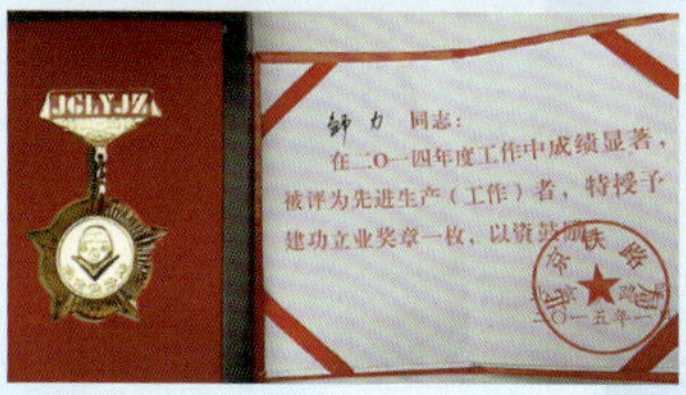

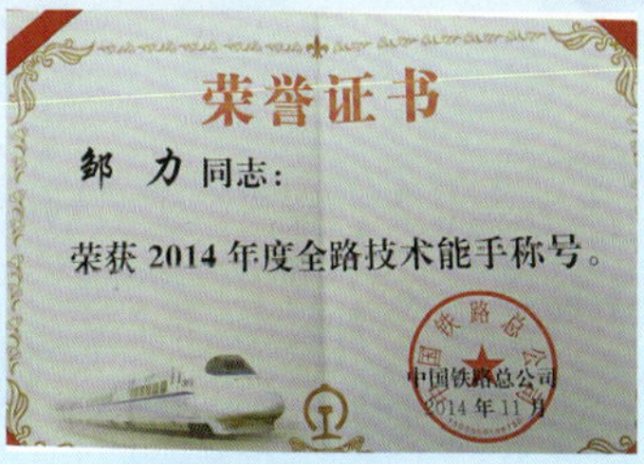

青年技术能手——宋国丁

人物

宋国丁，男，1981 年生，本科学历，线路工技师。2000 年参加工作 ，现任衡水工务段客专介入景州线路组线路工。

参加工作以来，宋国丁凭着“做就要做到最好，精益求精”的敬业和创新精神，得到了领导、广大职工、大机段的认可。面对路基段无挡砟墙，且拉弦测量受风力的影响大、精度低的现状，首先提出了利用光的直线传播原理，自制小工具，成功地解决了路基段精确测量起、拨道量的难题。在工作中能够很好地完成技师传帮带作用。2016 年获得段首批“能工巧匠”和路局“青年岗位能手”荣誉称号。

荣誉

2016 年	技术能手	路局级
2016 年	技术比武工务线路工组第一名	路局级
2016 年	青年岗位能手	路局级

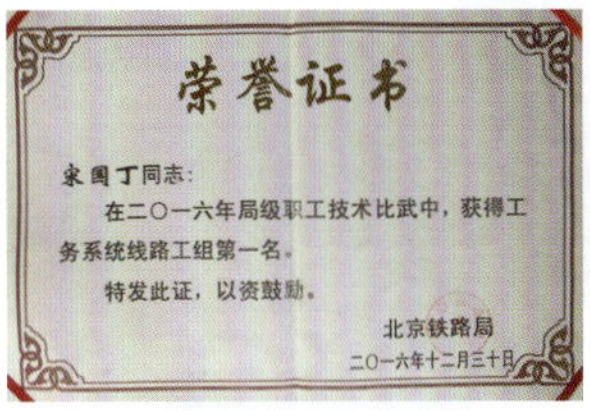
荣誉证书

宋国丁同志：

在二〇一六年局级职工技术比武中，获得工务系统线路工组第一名。

特发此证，以资鼓励。

北京铁路局

二〇一六年十二月三十日

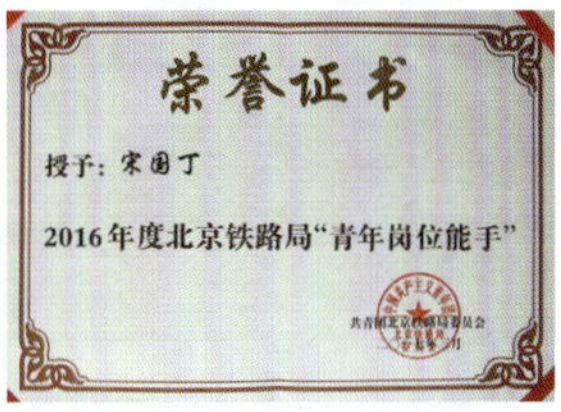
荣誉证书

授予：宋国丁

2016年度北京铁路局“青年岗位能手”

共青团北京铁路局委员会

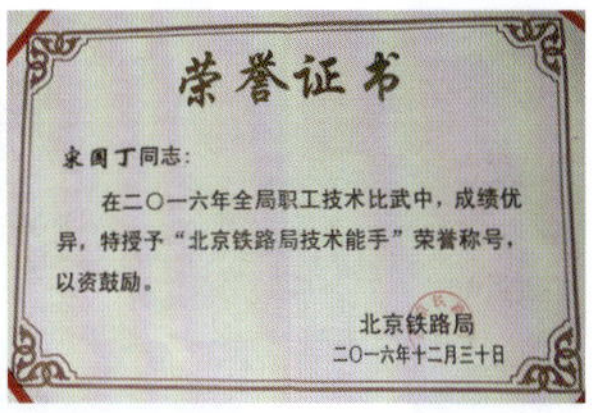
荣誉证书

宋国丁同志：

在二〇一六年全局职工技术比武中，成绩优异，特授予“北京铁路局技术能手”荣誉称号，以资鼓励。

北京铁路局

二〇一六年十二月三十日

成果

激光简易测量起道量装置

为精确测量路基段岔区起道量，本装置利用光直线传播，捣固前，将激光笔固定在铁片上，同时强磁铁粘在铁片上，这样激光笔便可吸附电气化支柱上。激光笔发光到尺上，读数，捣固后，再以同方式读数，其差为起道量，精度达毫米级，且不受天气的影响，速度快。

勤于学习、善于钻研的高级技师——卢志戍

人物

卢志戍，女，1970年生，本科学历，高级技师。1989年参加工作 ，现任石家庄电务段电子设备检修车间信号工。

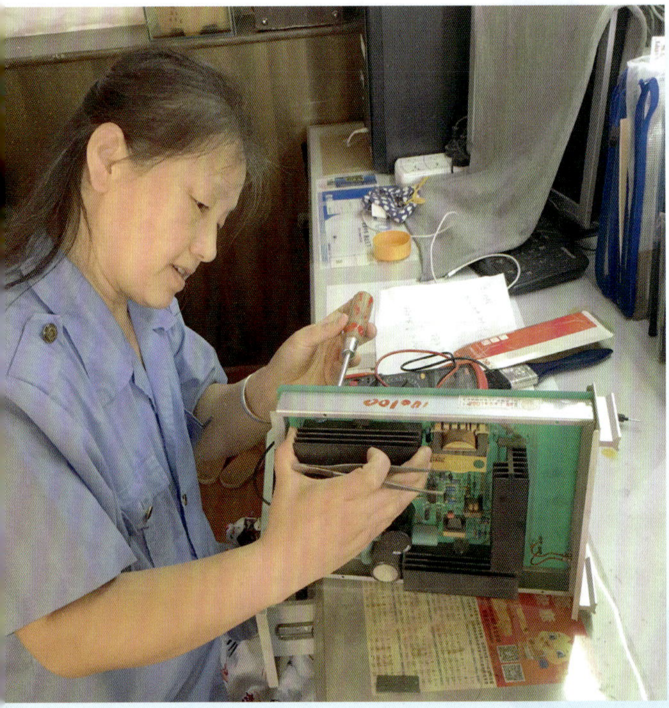

卢志戍同志爱岗敬业，责任心强。多年从事器材检修和维护工作，学习和掌握多种器材的检修和故障处理。2014年获得检修所首批标准化职工命名。当新投入的断路器测试台有测试缺陷时，她提出方案并实施改进。对所使用的移频设备通过日常的总结编写了相关论文，其中《针对ZP.GJ1-DY型电源器材故障浅析》、《电化移频发送盘浅析学习》、《移频发送盒日常检修与维护》、《电子二元相敏接触器的故障维护》获得技师论文相关奖项。参与工区QC的工作，在研制限时断相保护器综合测试台、减少JYJXC-160/260型继电器接点问题的件数、降低T.CL-3型驼峰测速雷达无自检信号输出问题率等方面均取得了良好的成绩。

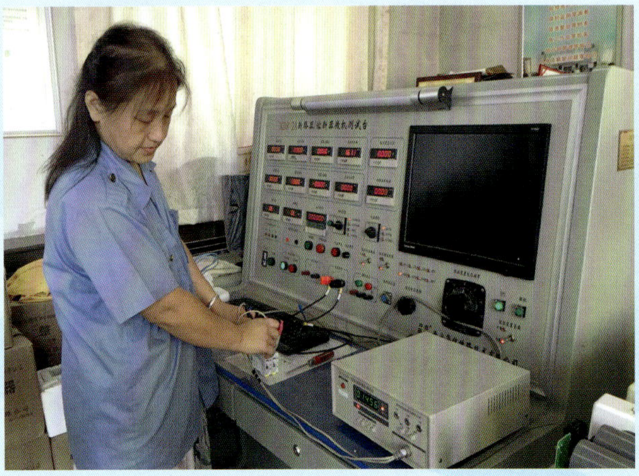

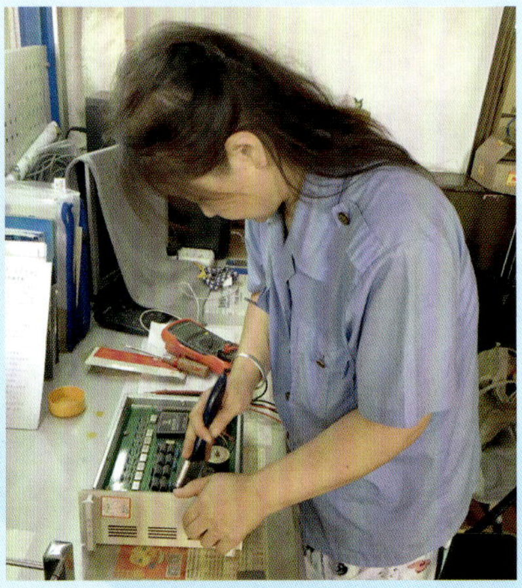

荣誉

2014 年	全国质量信号信得过班组成员	国家级
2014 年	工人技师技术论文优秀奖	路局级
2015 年	河北省优秀科技质量成果奖	省级
2015 年	工人技师技术论文三等奖	路局级
2016 年	工人技师技术论文优秀奖	路局级

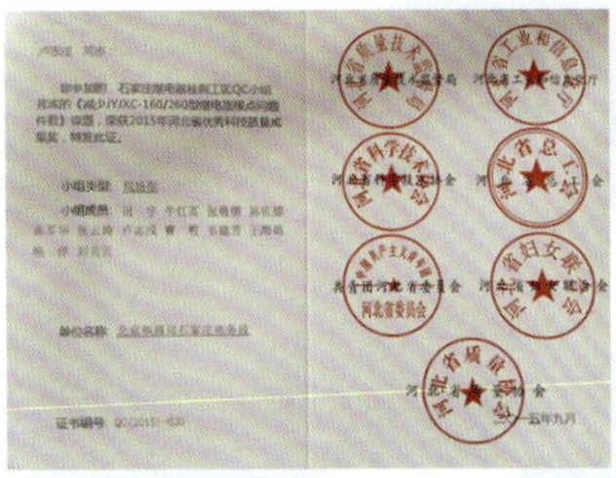

荣誉证书

卢志戌同志撰写的《针对ZP.GJ1-DY型电源器材故障浅析》获2015年度北京铁路工人技师协会石家庄工作委员会技术论文交流三等奖。

北京铁路工人技师协会
石家庄工作委员会
2015年11月16日

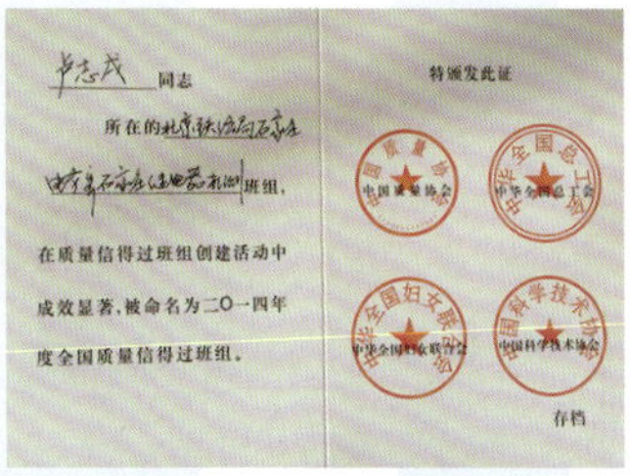

成果

断路器测试台改进

卢志戌在工作中发现新投入的断路器测试台在测试过程中有很多测试点不能达到对断路器的测试。她本着负责认真的态度，认真学习各类设备图纸，查找各种资料，不断的摸索。经过仔细查找原因有针对性地对断路器测试台进行了改进。改进后测试的断路器的数据与维规的要求能达到一致，解决了断路器测试台不能良好投入运用的问题。

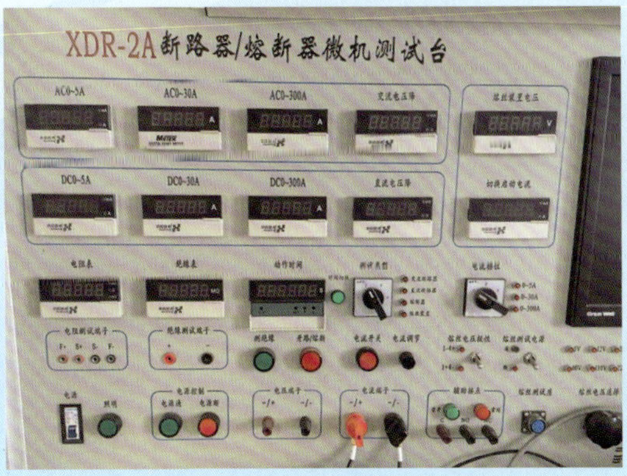

勇于钻研、勤奋踏实的技师——张敬儒

人物

张敬儒，女，1985年生，本科学历。2008年8月参加工作，现于石家庄电务段电子设备车间石检测工区从事继电器检修工作。

她参加工作以来，一直不断的努力学习，提升自己。2012年，主动开展、制作并发布“减少二元二位JRJC1-70/240型继电器故障件数” QC成果，获得河北省优秀科技质量成果奖。同时发表论文《浅析JRJC1-70/240型继电器及其故障对策分析与处理》，获得河北省铁道协会论文三等奖。同年度末被评为段“优秀共青团员”。2013年，制作并发布“研制限时断相保护器综合测试台” QC成果，借此她所在班组被评为“全国质量信得过班组”，同时总结并发表论文《限时断相保护器综合测试台的研制》，被评为2013年度“先进生产（工作）者”。2014年对新型器材JYJXC-160/260型继电器进行了攻关，课题为“减少JYJXC-160/260型继电器接点问题件数”，获得了河北省优秀科技质量成果奖。2015年参加了路局技术比武，并获得了第一名，同年荣获“北京铁路局技术能手”和“京铁巾帼建功立业三八红旗手”的荣誉称号。2016年继续参加攻关的课题“降低T.CL-3型驼峰测速雷达无自检信号输出问题率”获得了段优秀奖。

荣誉

2012 年	河北省铁道协会论文三等奖	省级
2013 年	全国质量信得过班组成员	国家级
2014 年	河北省优秀科技质量成果奖	省级
2015 年	京铁巾帼建功立业“三八红旗手”	路局级

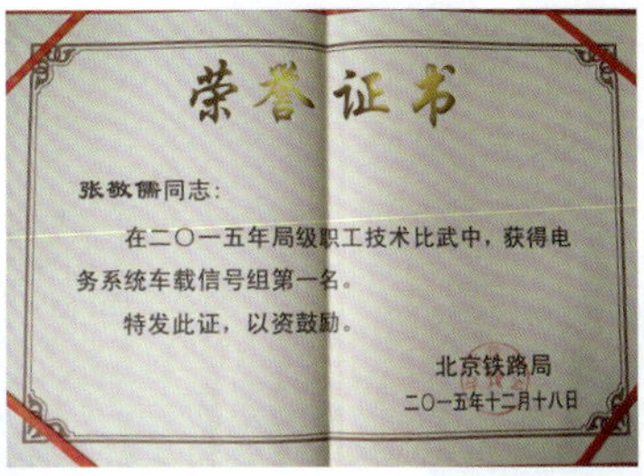

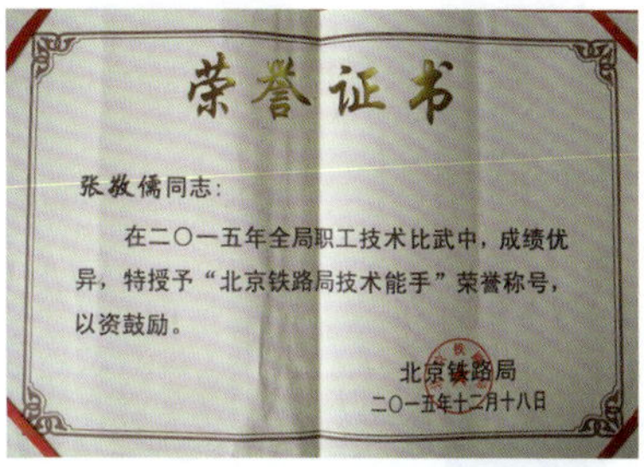

刻苦学习、勇攀高峰的比武状元——程小敏

人物

程小敏，男，1969 年生，高中学历，路局首席技师。1986 年 12 月参加工作，现任石家庄建筑段邯郸建筑一车间电力一工区检修组长，电工高级技师。

程小敏根据自己几十年的实践经验，经过总结归纳提出了“电照设备巡检五步工作法”，主要强调检修工作要积极主动地去发现并处理设备隐患。他工作中刻苦学习，认真钻研业务技术，虚心向身边老师傅们学习请教。通过努力，在 2013 年获得段综合维修组技术比武第一名；2013 年参加北京铁路局房建系统综合组技术比武，获得第二名；2014 年参加北京铁路局房建系统维修组技术比武，获得第一名；2016 年参加中国铁路总公司房建系统电工技能大赛，获得第四名。

荣誉

2013 年	房建系统维修组第二名	路局级
2013 年	技术能手	路局级
2014 年	房建系统维修组第一名	路局级
2014 年	技术能手	路局级
2014 年	先进生产（工作）者	路局级
2016 年	房建系统电工职业技能竞赛第四名	总公司级

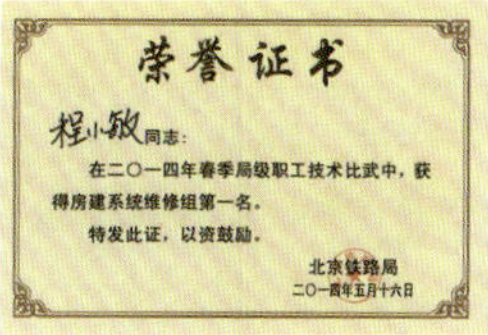

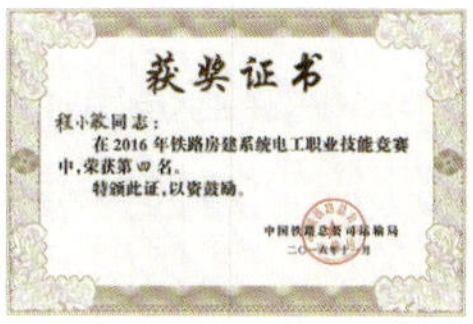

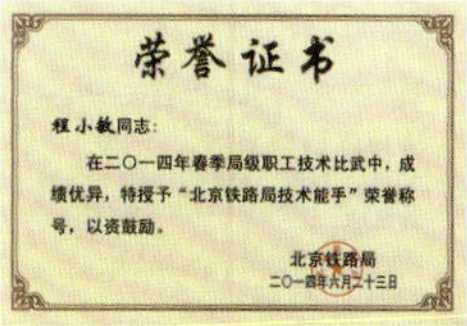

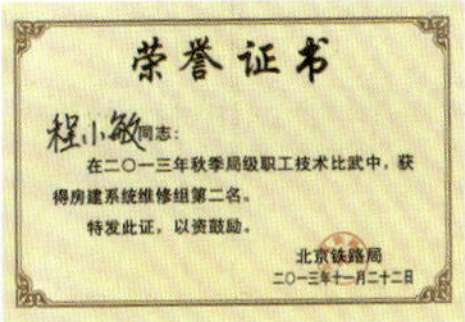

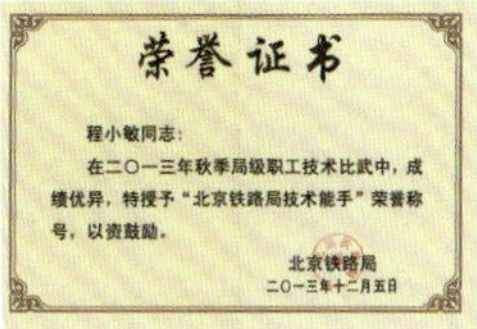

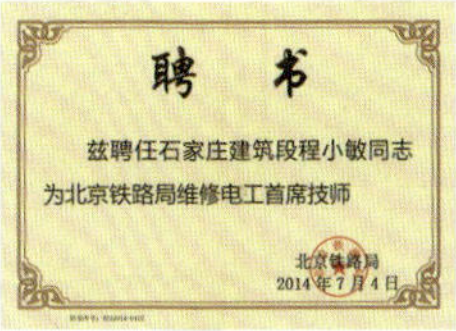

成果

1. 电照设备巡检五步工作法

为了提高检修人员的业务水平，推行岗位标准化建设，程小敏根据自己实际工作经验总结出“电照设备巡检五步工作法”。五步工作法概括起来就是五个字：问、看、测、紧、记。“问”就是询问设备使用情况并与设备使用单位、用户沟通；“看”就是对设备进行外观巡视、检查；“测”就是对设备进行测试触摸检查；“紧”就是对前三步检查后发现的隐患进行紧固、加固或处理；“记”就是对设备现状、病害发展及整治、技术监察、设备预介入等进行详实记录。五步工作法要点是嘴勤、眼勤、手勤。目的是主动发现问题及时处理问题。

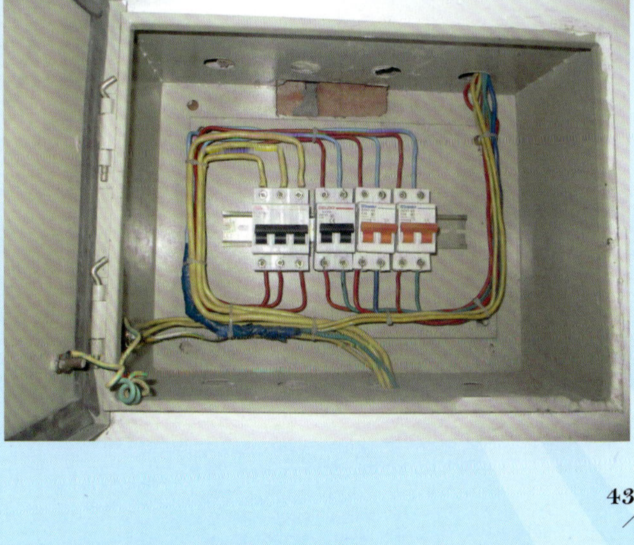

2. 三相供电各支路空开上端口零线串接法

三相供电各支路控制开关上端口的零线若存在串接现象，如果某个零线压接端子虚接，可直接造成之后的分支回路电压由 220 V 上升为 380 V，易发生用电设备烧毁事故。针对此现象，程小敏对接线方法进行了改进，将零线经回流排配出，小小的改进消除了大隐患。

平凡岗位、无私奉献的工人技师——段燕江

人物

段燕江，男，1972 年生，中共党员，中专学历，工人技师。1994 年参加工作，现任衡水供电段衡水供电车间接触网技术员。

段燕江工作认真负责，把自己的全部精力投入在实际工作中，树立党员模范形象，增强业务素质。经过多年的现场经验，为防止接触网天窗作业人身安全事故的发生，总结出了作业前人身安全卡控“三字经”，始终坚持作业前“审、问、查”的方式，提前消除安全隐患，连续多年被评为段级“党内优质品牌”。他坚持理论联系实际，多年来一直不断地加强对业务技能知识的学习，并坚持把所学理论知识应用到工作中去。2015 年被评为路局“标准化先进职工”，并在中国铁路总公司 2015 年第三期供电运营维护技师研修培训班期间获“优秀学员干部”荣誉称号。2016 年被评为路局“优秀共产党员”，为铁路安全供电做出应有的贡献。

荣誉

2015 年	优秀学员干部	路局级
2015 年	标准化先进职工	路局级
2016 年	优秀共产党员	路局级

潜心钻研业务知识的高级技师——刘晓兵

人物

刘晓兵，男，1972 年生，大专学历，路局首席技师。1991 年从事铁路工作，现任衡水供电段衡水配电工区工长。

刘晓兵在平时的工作中，始终严格要求自己，利用业余时间潜心钻研业务知识，积累业务经验，通过多年不懈的努力，曾多次代表单位参加技术比赛，取得优秀的成绩。他把理论与实际有机的结合在一起，论文《变配电所故障的处理》收录于 2016 年出版的《技师 • 传承》。为了适应新的技术，他组织编写了段内配电值班员的理论教材，并多次参加技师的鉴定工作。

荣誉

2015 年	全路技术能手	总公司级
2015 年	优秀考评员	路局级
2016 年	优秀考评员	路局级
2016 年	配电值班员首席技师	路局级

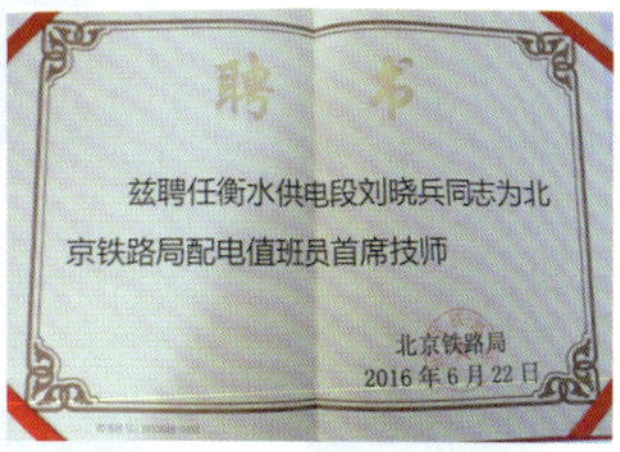

刻苦钻研、挑战自我的业务能手——毛建军

人物

毛建军，男，1976 年生，大专学历，技师。1996 年 5 月参加工作，现任阳泉站调度车间车站调度员。

参加工作以来，他立足于本职岗位，勤奋学习，熟练掌握了岗位上的各种业务技能和技术规章。工作之余主动深入现场学习了解行车、调车、车号、统计等岗位以及结合部的作业流程，与现场的作业人员进行沟通、交流，向老师傅们请教。为了加强调度指挥工作，进一步强化技术作业图表的作业，他结合工作实际总结出一套行之有效的方法。他多次参加路局、车站、车间的技术比武，取得较好的成绩。2013 获得阳泉站调车工种技能竞赛第二名，2014 年取得阳泉站配车工种技能竞赛第一名，2014 年、2015 年连续两年获得阳泉站“十佳技术能手”，2015 年取得北京铁路局技术比武配车组第三名，同年获得“北京铁路局技术能手”“标准化先进职工”等荣誉称号。

荣誉

2015 年	技术比武车务系统配车组第三名	路局级
2015 年	技术能手	路局级
2015 年	标准化先进职工	路局级

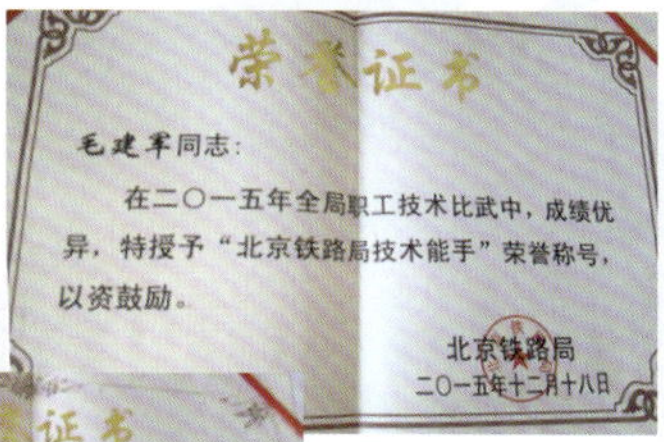

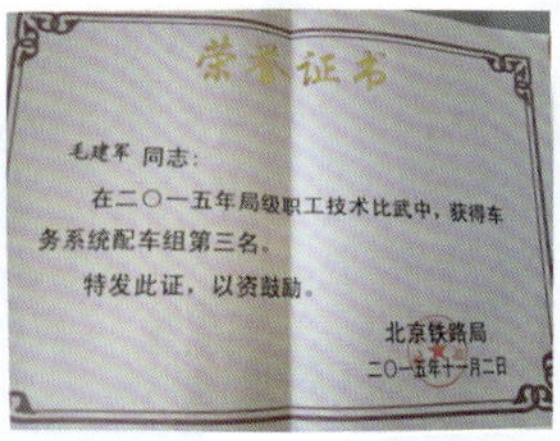

业务能手、比武状元——冯肖

人物

冯肖，女，1972 年生，中共党员，中专学历，工人技师。1992 年参加工作，现为石家庄货运中心货运计划员。

工作中她严格要求自己，勤奋学习，积极上进，2015 年参加中国铁路总公司货运工种技能竞赛，勇夺货运计划员第一名，被授予“全路技术能手”称号。日常工作中，立足本职，爱岗敬业，踏实工作，甘于奉献，乐于助人，起到了模范带头作用，2016 年被评为北京铁路局“优秀共产党员”。

荣誉

2015 年	技术比武货运计划员第一名	总公司级
2015 年	党员技术能手	路局级
2016 年	优秀共产党员	路局级
2016 年	“火车头”奖章	总公司级

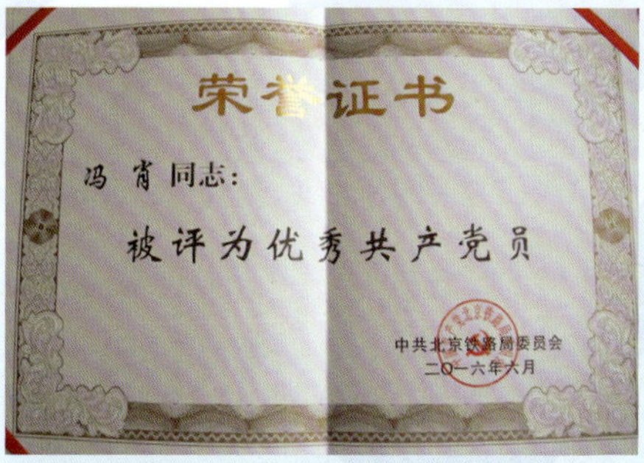

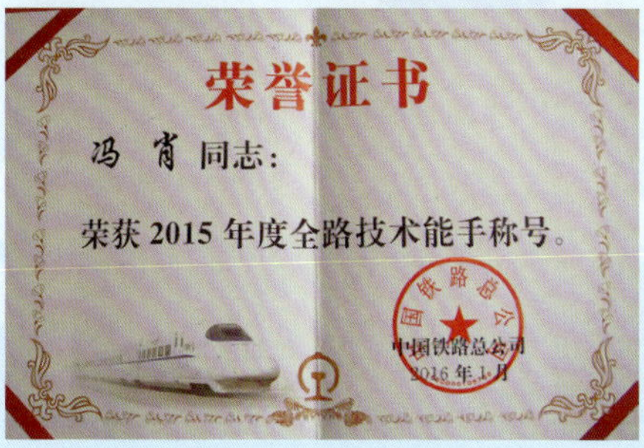

强基础、重实践、常思考、勇创新的技师——高强

人物

高强，男，1972年生，大专学历，技师。1990年12月参加工作，现为石家庄站运转车间北站乙班车站值班员。

高强同志在工作中兢兢业业，一丝不苟，积极带领班组进行技术创新，充分运用聪明才智，攻克了一大批现场技术难题，突出的有：北站楼每天晚上两列客车车底防溜，结合作业特点完善防溜"三统一"；研究在调车组手钩上打眼，既避免了带钳子给人身安全带来的隐患，又方便了作业；针对客车车底防溜使用"三防"铁鞋链不够长的问题，积极研究将铁鞋链加长，便于锁在车钩上，真正起到"三防"效果。另外他为邯长复线开通运营做出了积极贡献。

荣誉

2012 年	安全攻关技术标兵	路局级
2012 年	先进生产（工作）者	路局级
2013 年	“十百千万”活动中被评为先进个人	路局级
2013 年	先进生产（工作）者	路局级
2013 年	创先争优劳动竞赛中客运站组车站值班员第一名	路局级
2014 年	先进生产（工作）者	路局级
2014 年	优秀共产党员	总公司级
2015 年	标准化班组长标杆	路局级
2016 年	安全标准化先进职工	路局级

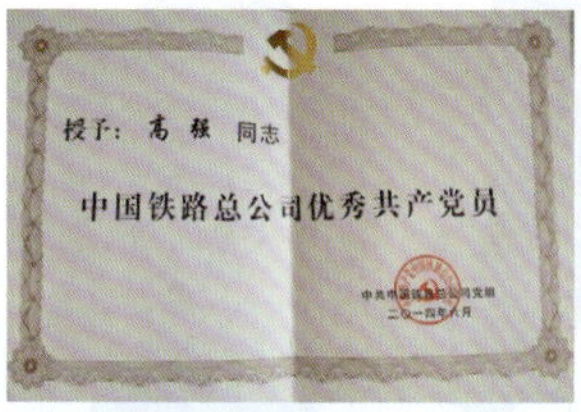

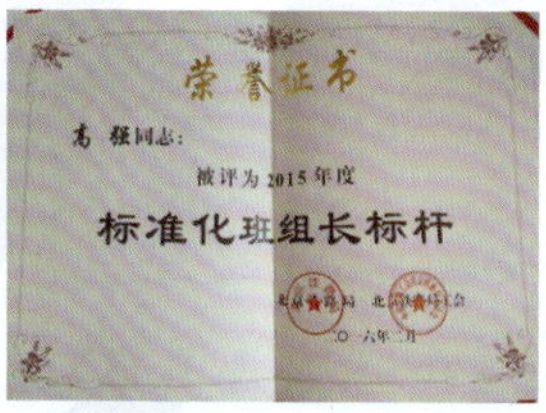

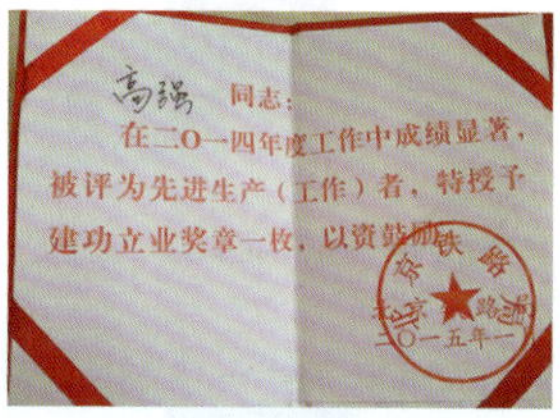

成果

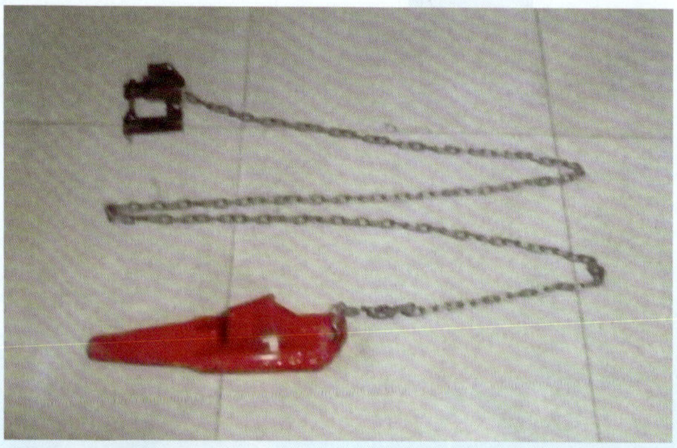

改进“三防”铁鞋

初期的铁鞋，链子短，在将铁鞋紧贴车轮踏面后，链子长度到车门端部，既不美观，也不安全，存在被偷盗的隐患。高强同志刻苦钻研，积极查找解决途径，结合北站实际作业特点，制定出延长铁链，并将其固定在车钩上的提钩杆位置的方法。铁链沿着钢轨内侧，到达车钩处，既隐蔽美观，又最大限度地保证了铁鞋安全，再加上铁鞋专用锁，大大简化了现场作业，提升了作业效率，消除了铁鞋被盗的安全隐患，使北站铁鞋真正发挥“防溜、防盗、防拉鞋开车”的“三防”作用。

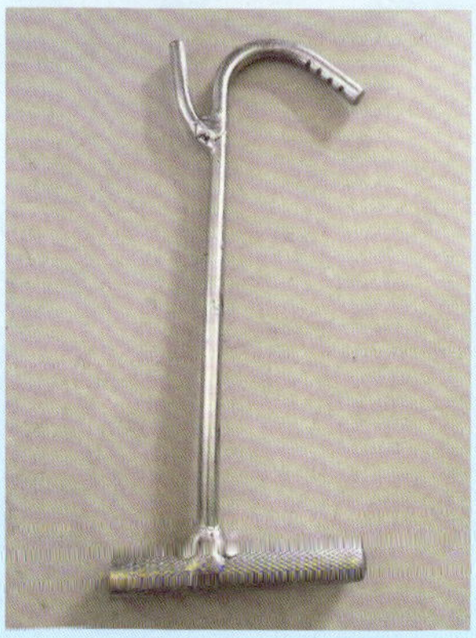

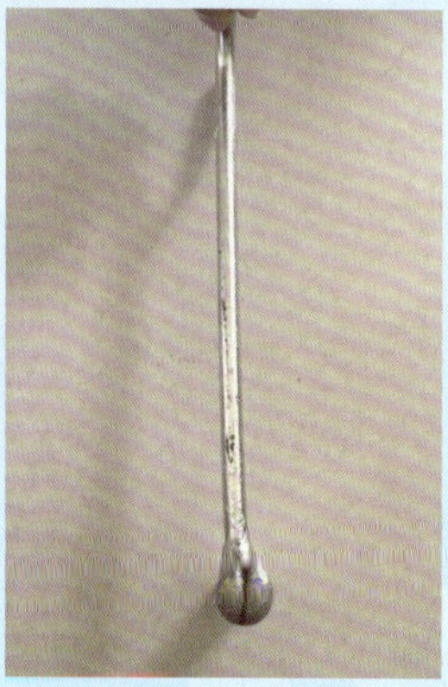

勇于创新的高级技师——陈子辉

人物

陈子辉，男，1963 年生，高级技师。1982 年参加工作，一直在石家庄客运段从事列车餐饮工作，现任石广车队广四组领班厨师。

他曾多次被评为段、分局、路局“先进生产者”和“优秀共产党员”，并取得过全路烹饪大赛第一名的好成绩，同时获“火车头”奖章一枚和“全路技术能手”称号。餐车供应以快餐盒饭为主（主食米饭），一旦蒸饭箱发生故障就会给旅客的饮食供应造成很大困难，他凭借自己多年的工作经验和反复实验，利用电磁灶的火力可大可小的特点创造总结出一套电磁灶焖饭法，即使蒸饭箱出现故障也能满足旅客的饮食需求。采用这种方法焖制出的米饭软硬适中、色泽洁白、口感软糯，深受广大旅客喜爱，旅客就餐率由过去 5% 提高到 12%，取得了较好的经济效益和社会效益。

荣誉

2014年	优秀高技能人才	路局级
2016年	技术论文交流三等奖	路局级
2017年	优秀高级技师	路局级

成果

1. 电磁灶焖饭法

先将大米在水中浸泡30分钟并淘洗干净，捞出放在两个凹灶上用开水煮5分钟左右，用手掐试大米没有硬心即可，然后捞出放在平灶上的平底锅内加开水煮，加水量超过大米2厘米即可，并用饭铲搅动锅底以免糊锅，待水全部被大米吸收，用饭铲抹平大米表面，改用最小火力（电磁灶1挡）焖8至10分钟米饭即可焖熟。大米在凹灶上煮一定用大火（电磁灶10挡）而在平灶上焖制时，火力一定要小（电磁灶1挡），这样焖制出的米饭不会糊锅而且香气四溢。采用这种方法焖制出的米饭，软硬适中、色泽洁白、口感软糯，深受广大旅客喜爱，同时也解决了生产中的难题，即使在蒸饭箱出现故障时也能满足旅客的饮食需求。

2. 充分利用新设备丰富饭菜品种

工作中利用餐车的电气化新设备创新和发展了多种传统厨房不能加工的菜肴，用新型蒸饭箱创新发展了多种蒸菜，如蒸带鱼、蒸鸡块、蒸豆腐、蒸素丸子、蒸三鲜白菜包等；用微波炉创新发展了多种美味菜肴，如美味咖喱鸡翅（高火六分钟）、香辣鸡丁（高火五分钟）、芥蓝鱿鱼（高火两分半钟）、银耳排骨汤和京都排骨（高火六分钟转中火十五分钟）等，通过对新设备的研究和利用，丰富了餐车经营的饭菜品种。

靠学技练功实现自身价值的业务能手——张燕

人物

张燕，女，1978 年生，中专学历，工人技师。1999 年参加工作，现任衡水站行装车间行李值班员。

自参加工作以来，张燕一直保持着对业务学习的热情，自觉培养专心致志、持之以恒的良好学习习惯，无论工作岗位调整还是业务发生变化，她始终把学习规章、钻研业务当成头等大事。宝剑锋从磨砺出，梅花香自苦寒来，经过多年勤奋不辍对业务知识的刻苦钻研， 她获得 2014 年北京铁路局秋季职工技术比武行李组个人第二名，荣获北京铁路局“技术能手”称号。2015 年获得中国铁路总公司客运系统技术比武行李员工种个人第一名，并与队友密切配合，又摘得了团体第一名的桂冠，荣获北京铁路局“三八红旗手”称号。在 2016 年获得了中华全国铁路总工会授予的“火车头”奖章和中国铁路总公司授予的“全路技术能手”称号，在平凡的岗位上实现了自身的价值。

荣誉

2014 年	技术比武客运系统行李组第二名	路局级
2014 年	技术能手	路局级
2015 年	客运系统竞赛铁路行李员第一名	总公司级
2015 年	全路技术能手	总公司级
2015 年	京铁巾帼建功立业“三八红旗手”	路局级
2016 年	“火车头”奖章	总公司级

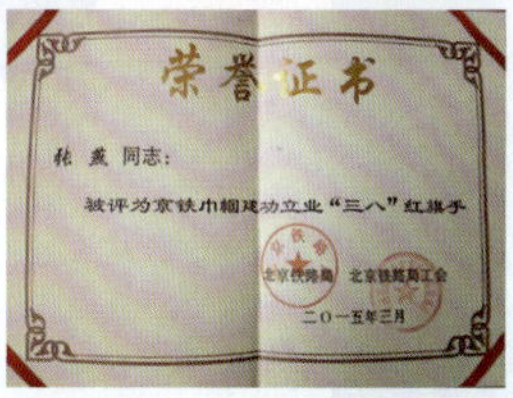

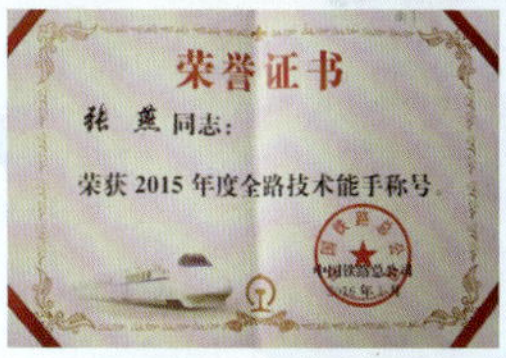

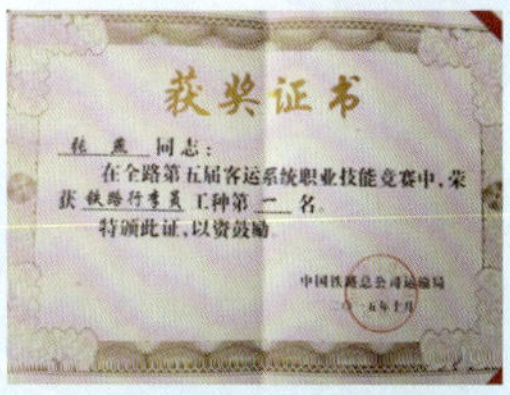

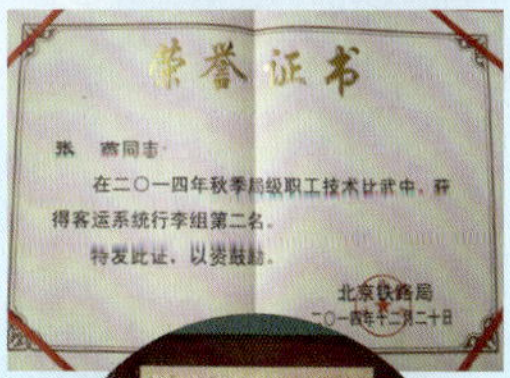

革新能人

Gexin Nengren

科技创新达人——贺锡跃

人物

贺锡跃，男，1971 年生，高中学历，钢轨探伤工技师。1993 年 8 月参加工作，现任衡水工务段衡水探伤车间探伤工。

贺锡跃同志自入路以来在探伤岗位刻苦钻研，凭借过硬探伤技术、丰富的现场经验和电子理论知识，改进探伤设备、优化探伤方法、探索探伤新工艺，为现场解决了很多技术难题。2014 年研制的“自动断电、延时多功能充电器”在衡水工务段进行推广，就此撰写的论文《自动断电、延时多功能充电器的研制》在河北省铁道学会铁道工务论文评审会上获得优秀论文三等奖。同年他开发的“钢轨探伤仪自动供水系统”，获得了段科技成果三等奖，有效的解决了钢轨探伤作业中耦合供水不稳的技术难题，使钢轨探伤作业效率提高了 10%，有效的减少因耦合不良而造成的漏检和误判。2015 年研制出的“对讲机电量指示器”，使用户能够及时发现电台电量使用情况，做到适时充电，减少因过充电而浪费电能，提高电池使用寿命 20%。同年他根据焊缝探伤现场实际需求，研制出“钢轨探伤便携式探头架”，减少了执机手频繁更换探头的麻烦，降低了探头的磨损，提高了焊缝探伤的工作效率，每年减少探头、探头线等购置费用 1 万余元。2016 年他根据无缝线路测温需求，研制出“轨温语音查询播报仪”，为无缝线路“三测”提供了便捷方法。2017 年根据现场生产研制出“对讲机延时通联提示警告系统”，确保了现场防护及作业人员准确进行通信质量确认，同时确保了作业人员和行车安全。贺锡跃同志，敬业爱岗，勤奋好学，善于钻研，勇于创新，为段安全生产做出了贡献，先后获得段“先进生产工作者”“创新人才”“能工巧匠”“技术革新成果奖”等多项荣誉，成为名副其实的科技创新达人。

荣誉

2015 年　　河北省铁道学会优秀论文三等奖　　省级

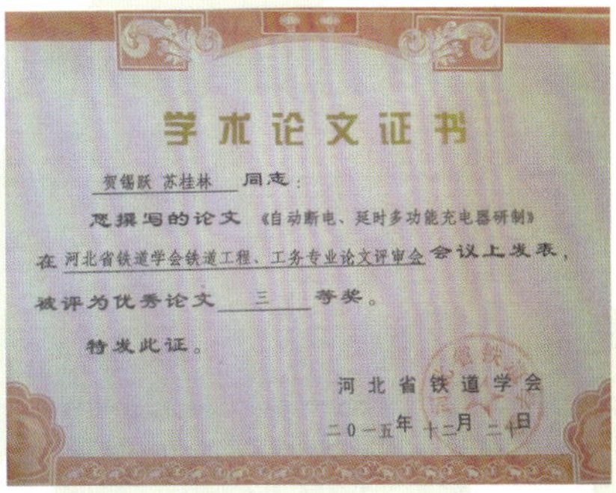
学术论文证书

贺锡跃 苏桂林 同志：

您撰写的论文《自动断电、延时多功能充电器研制》在河北省铁道学会铁道工程、工务专业论文评审会会议上发表，被评为优秀论文 三 等奖。

特发此证。

河北省铁道学会

二〇一五年十二月二十日

成果

1. 自动断电、延时多功能充电器

贺锡跃同志 2014 年研制的“自动断电、延时多功能充电器”在段进行推广，受到了表彰和奖励，可彻底解决对讲机充电器长期空载耗电，每年全段可节省电能约 25000 千瓦时，每年减少充电器因过热损坏 200 台左右，提高电池使用寿命 40%。此项成果，每年可为段减少电台维护经费 10 万余元。

2. 钢轨探伤仪自动供水系统

2014 年，根据现场探伤实际作业情况，发现探伤仪供水系统设计不合理，探伤耦合用水稳定性能差且浪费严重，不能够保证现场足够用水。为解决这一现场实际问题，贺锡跃同志反复研究琢磨，对探伤仪供水进行大胆改进，最终研制出“钢轨探伤仪自动供水系统”，并获得了段“科技成果三等奖”。该系统有效地解决了钢轨探伤作业中耦合供水不稳的技术难题，使钢轨探伤作业效率提高了 10%，有效地减少因耦合不良而造成的漏检和误判。

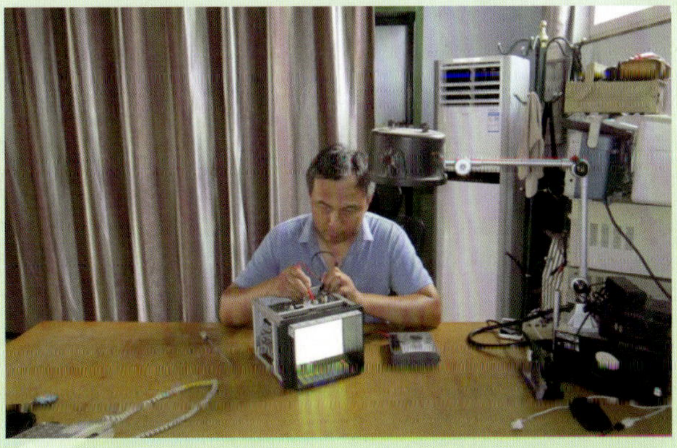

以小发明促进大安全的高级技师——王长红

人物

王长红，男，1974 年生，大专学历，高级技师。1992 年入路参加工作，现为石家庄铁路供电段接触网工。

他参加工作以来，一直从事接触网一线检修生产工作，尤其是被聘为接触网技师以来，着眼于解决接触网一线安全隐患，完成了多项小发明小创新，2012 年发明的“接触断线接续工具”获得铁道部 QC 成果优秀奖，2014 年研究成果“降低铜承力索中心锚结处隐患”获得中国铁路总公司 QC 成果优秀奖，2015 年研制发明的“梯车刹车稳定装置”获得铁道行业 QC 成果优秀奖，2016 年发明的“接触网交叉线岔间隙检查尺”获得河北省 QC 成果优秀奖。他撰写的技师论文《浅谈接触网 V 停作业防感应电伤害分析及措施》和《浅析承力索常见隐患及预防措施》分别获得 2014 年和 2016 年北京铁路工人技师协会论文二等奖。他先后获得 2014 年北京铁路局“先进生产（工作）者”，2015 年和 2016 年度北京铁路局“标准化先进职工”和 2016 年度北京铁路局“标准化职工标杆”“优秀技师”“创新之星”等荣誉称号。

荣誉

2012 年	QC 成果优秀奖	总公司级
2014 年	QC 成果优秀奖	总公司级
2014 年	先进生产（工作）者	路局级
2015 年	铁道行业 QC 成果优秀奖	总公司级
2016 年	优秀技师	路局级
2016 年	创新之星	路局级

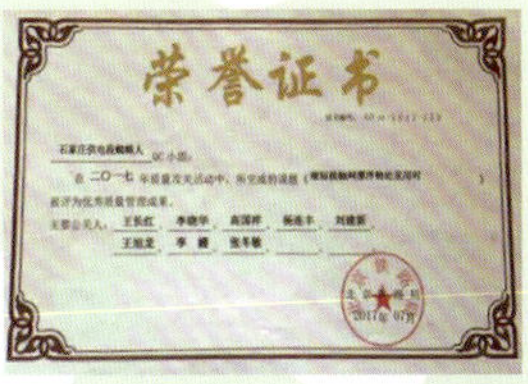

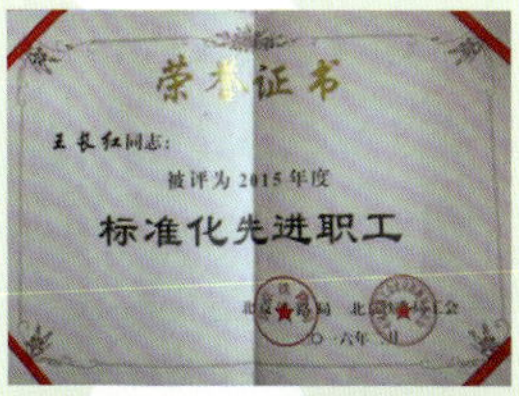

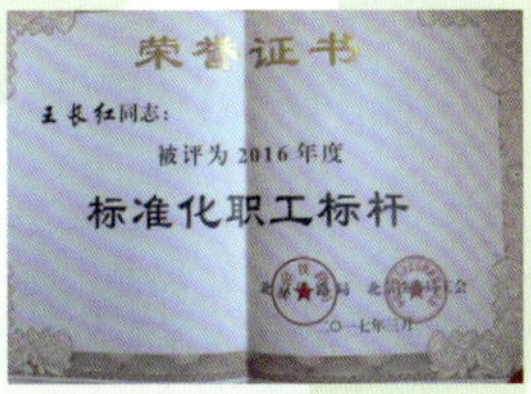

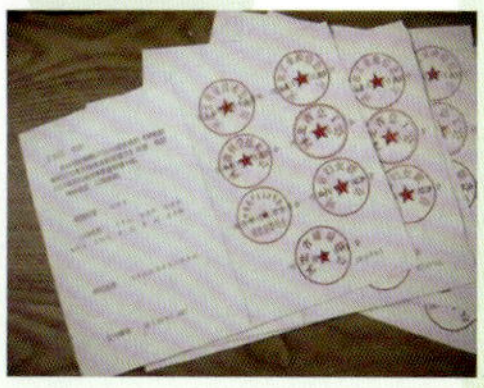

成果

接触网梯车制动刹车装置

该装置针对接触网梯车作业中存在的人工制动车轮不稳定，梯车溜滑容易将辅助人员脚部挤伤或造成作业人员高空坠落的安全隐患研制。制动时辅助人员踩下脚踏板，通过传动杆、弹簧、刹车片将梯车车轮稳固，辅助人员脚部不再直接与车轮接触进行制动稳定梯车。经过测试，制动后梯车稳定率达到 100%, 消除了因梯车固定不稳造成车轮挤伤辅助人员脚部和作业人员高空坠落的隐患。研制至今工区现场使用效果良好，未有一件因梯车不稳固造成人身安全事故发生。此成果获得 2015 年铁道行业 QC 成果优秀奖。

勇于探索、攻坚克难的高级技师——许富强

人物

许富强，男，1977 年生，本科学历，高级技师。1996 年 7 月参加工作，现为石家庄供电段邯郸高铁车间接触网工。

许富强入路至今一直从事接触网专业，立足本职工作，潜心研究接触网的特性、规律，在多年的一线工作中努力学习、刻苦钻研，解决各种技术难题，相继取得多项技术成果，包括 2014 年研制的高铁专用杉杆，2015 年研制的高铁电子引导器，2016 年研制了便携式绝缘子更换器等。

荣誉

2014 年	全面质量管理优秀奖	总公司级
2015 年	全面质量管理优秀奖	路局级
2016 年	全面质量管理优秀奖	总公司级

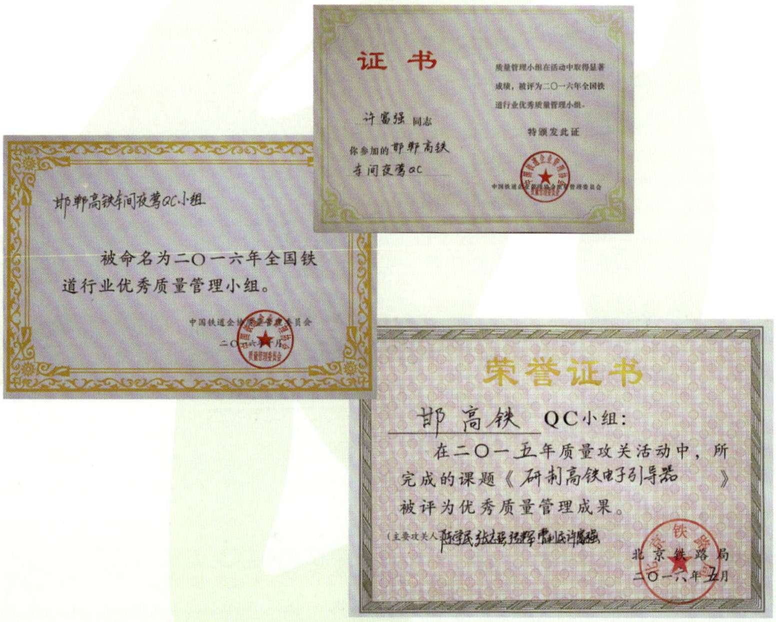
证书

许富强 同志

你参加的邯郸高铁车间夜莺QC质量管理小组在活动中取得显著成绩，被评为二〇一六年全国铁道行业优秀质量管理小组。

特颁发此证

邯郸高铁车间夜莺QC小组

被命名为二〇一六年全国铁道行业优秀质量管理小组。

中国铁道企业管理协会质量管理委员会

荣誉证书

邯高铁 QC小组：

在二〇一五年质量攻关活动中，所完成的课题《研制高铁电子引导器》被评为优秀质量管理成果。

北京铁路局

二〇一六年五月

成果

便携式绝缘子更换器

许富强研发的一款便携式绝缘子更换器，轻便高效，搬运与携带更加便捷，抢修更加高效，提高了高铁故障抢修效率。

其原理就是在平（斜）腕臂绝缘子位置加装一组可操控的伸缩装置，对绝缘子进行卸载更换。成型的便携式绝缘子更换器重量仅有 9.8 kg, 比原有工具降低 57.2 kg，大大降低了重量；而且操作简单，由 2 人操作完成，安全性更高，更换用时明显缩短。

勇于解决生产难题的高级技师——杨英杰

人物

杨英杰，男，1963 年生，高中学历，路局首席技师。1980 年 2 月参加工作，现于石家庄供电段从事接触网工作，高级技师。

杨英杰在生产岗位上多次解决生产难题：制作了快速更换坠陀专用工具，缩短了作业时间，提高了工作效率；制作了管内各站及关键设备停电作业提示卡及追踪图，彻底解决了威胁作业安全的一个难题；提出了"人、机、料、法、环"五字预想法，取得了一定效果并在全段推广使用。他先后撰写技术论文 12 篇，其中荣获河北省电气化铁道协会二等奖 3 篇、三等奖 1 篇及北京铁路工人技师协会论文一等奖 3 篇、二等奖 1 篇，更有 2 篇被《铁道劳动》期刊转发刊登。研制的便捷式水冲洗装置获得了段技术成果认证，研制的水平主动轴单臂旋转隔离开关获得了国家专利。他累计荣获"优秀工长"称号 2 次，各级"优秀党员"称号 22 次，段、路局"先进工作者"称号 20 次，2010 年荣获"火车头"奖章，2013 年被授予"全路技术能手"，2014 年荣获河北省劳动模范，连续三届荣获"路局首席技师"称号，2017 年又荣获路局"2000 天安全标兵"称号。

荣誉

2013 年	全路技术能手	总公司级
2013 年	党员技术能手	路局级
2014 年	河北省劳动模范	省级
2015 年	优秀论文二等奖	路局级

荣誉

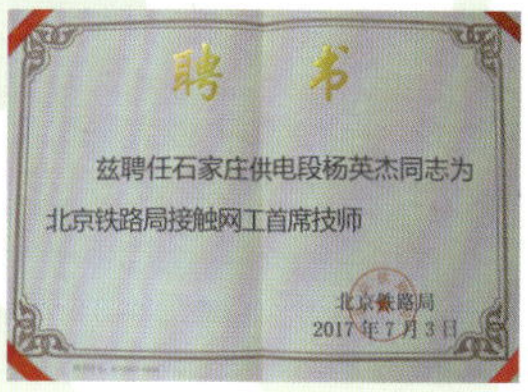

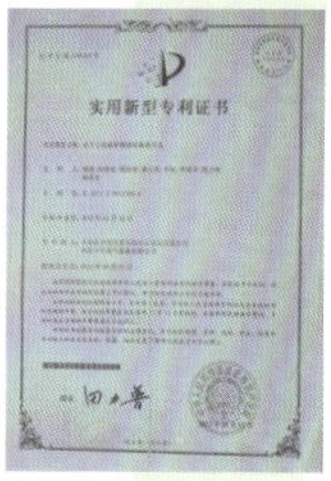

成果

1. 对补偿器的改进

近年由于极端天气的增多，对架设在露天处所的接触网构成了极大的危害。有的时段超过了设计温度，造成接触网补偿器蠕动过大，时常出现 *a*、*b* 值超限。为了防止对接触网造成伤害，杨英杰对补偿器做了一些改进。此 PVC 材质标记器制作简单，投入小，效果好，给工区的设备巡视检修工作带来便利，防止了温度的变化造成补偿装置卡滞或坠砣落地时，可能发生断线及影响受电弓取流的问题。

2. 梯车的改进

作为接触网检修作业的常用工具，原有梯车底座大、笨重、装载后超宽、不易搬运。为了符合交规的要求，杨英杰经过思索研讨决定在新改造的梯车下部加装活动把手，使梯车把手能够通过弹簧和十字卡扣转向内侧，节省了空间，实现了质量轻、底座小、装载不超宽的目的，方便了装运。

3. 回流线肩架改造

目前管内大部分是近 11 米高的圆钢柱接触网线杆，接撤地线人员要通过脚扣上圆杆 1/3 处才能操作，每次大约需要 10 分钟。不仅影响效率，还易发生人身伤害和地线折断问题。杨英杰经过调研在确保安全的前提下，进行了回流线肩架改造。把回流线引导到距地面 6500 毫米处，这样人员站在地面就能轻易地接撤地线。这样既提高了安全系数又节省了宝贵的停电时间，杜绝了因脚扣滑脱造成人身伤害和地线折断的安全隐患。

4. 接地靴改进

目前，在接触网停电作业中，所使用的接地靴是铁材质的，其导电性能较差。而且接地靴与钢轨的接触面较小，传导效果不太好。为此根据电阻率越小的导体导电性能越好的原理，杨英杰对接地靴进行了改进，改进后的接地靴全部采用铜材质，大大增强了导电性能。接触面积较原来的铁材质接地靴增加了 4 倍，能起到很好的保护作用。

立足检修、锲而不舍的高级技师——高玉福

人物

高玉福，男，1972 年生，中专学历，钳工高级技师。1995 年 8 月参加工作，现为石家庄电力机务段检修车间电力机车机械组工长。

近年来，该同志共进行小改小革 18 项。其中，防止 SS$_4$ 电力机车抱轴瓦发热化瓦问题，每年就为单位节省开支 40 余万元。研制的 SS$_4$ 机车牵引梁安装导链，荣获路局 2015 年合理化建议和技术改进成果二等奖，并获得路局命名“高玉福牵引梁安装导链”殊荣。制作的 SS$_8$ 轴箱轴承定量给油量具，解决了轴箱轴承发热的问题。改进的牵引电机合齿方式，解决了因电机重力造成的抱轴瓦变形引起的抱轴瓦发热问题。

该同志工作中能够始终坚持做好自控、互控、他控，2015 年至 2017 年期间，发现和消除安全隐患 32 处。其中，制作了电动平车通道警示、保护链，防止了撞轧事故的发生；制作了压力机位置指示控制器，防止了压力头过位造成受压件脱出伤人事故 2 次。针对 SS$_4$ 机车齿轮箱注油孔盖丢失严重问题，设计了新型齿轮箱注油孔盖，不但解决了走形部部件丢失问题，还解决了齿轮箱注油孔盖甩油问题，受到路局万元奖励。 在工作之余，该同志设计改造了 9 种常用工具，其中研究制作了轴箱轴承专用解体工具，解决了因解体不慎而损坏轴承问题并加强了文明化生产；制作了落转向架扶电机吊杆勾具，解决了电机吊杆无法定位的问题，消除了因此引发的事故隐患。制作了拆装牵引座专用工具，解决了牵引座在拆装过程易发生翻转伤人事故，受到路局冠名“高玉福牵引座拆装专用工具”奖励。

该同志 2013 年获路局“十百千万”先进个人；2014 年获得路局“先进班组长”称号；在 2015 铁路机务系统电力机车钳工技能竞赛中获得第十名的好成绩，并获得“全路技术能手”称号；2016 年荣获中华全国铁路总工会授予的“全国模范职工小家”称号。

荣誉

2012 年	先进生产（工作）者	路局级
2015 年	合理化建议和技术改进成果二等奖	路局级
2015 年	机务系统技能竞赛电力机车钳工第十名	总公司级
2015 年	全路技术能手	总公司级

成果

SS4型机车牵引梁安装导链

在中修落车后将牵引梁与车体牵引座连接起来的过程中，为了有效避免安装作业对牵引销的锤击，提高工作效率，降低劳动强度，高玉福研制了 SS4 型机车牵引梁安装导链。使用专用工具后完全杜绝了牵引销损坏问题，平均 1 台中修机车节约成本按 500 元计算，自 2015 年 2 月投入使用以来，共完成中修机车 60 台，共计节约生产成本 30000 元。制作的 SS4 型机车牵引梁安装导链荣获路局 2015 年合理化建议和技术改进成果二等奖，并获得路局命名“高玉福牵引梁安装导链”殊荣。

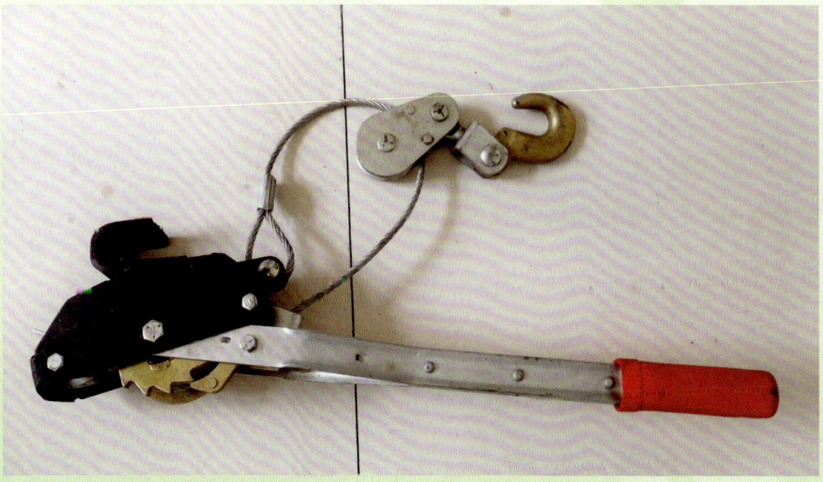

检修大拿——孙建国

人物

孙建国，男，1973 年生，大专学历，路局首席技师。1993 年参加工作，现任邯郸机务段管理车间内燃机车钳工，高级技师。

近年来，他坚持深入生产一线，多次发现机车重大质量隐患，获得路局万元奖励四次，发现质量隐患获得段小额快奖二十次。2012 年在路局技术比武中获得检修组第四名；2013 年获得路局技术比武检修组第一名，同时荣获“全路技术能手”称号；2014 年在第四届全国铁道行业职业技能大赛中荣获内燃机车钳工第 13 名。撰写论文《螺杆式空压机日常检修、整备维护保养过程中不正确的作业方式的探讨》，获得 2015 年河北省铁道学会优秀论文二等奖，成为检修保养空压机的技术指南，大大减少空压机故障率。他根据螺杆式空压机现场检修工作实际特点，提出的“压缩机油细分离器工作状态打纸检查法”（先进作业法），意义重大，为确保螺杆式空压机安全工作发挥了显著作用；获得段“四小三法”一等奖。针对 HXD_3 型机车压力开关新品没有整定值的问题，通过调研与专业工程师、设备车间联合制作压力开关检测试验台，使检修车间能够实现压力开关的车下校正与调整，保障了整定值的调整精度，消除了安全生产隐患，获得 2016 年度路局合理化建议和技术改进成果三等奖。

2015 年度参与了路局《HXD_{2B}机车检修工艺》（路局企业标准）编制建立，2016 年度参加路局机车检修工艺范围修订评审。

荣誉

2012 年	“十百千万”标准化职工	路局级
2012 年	技术比武检修组第四名	路局级
2013 年	先进生产（工作）者	路局级
2013 年	技术比武检修组第一名	路局级
2013 年	全路技术能手	总公司级
2014 年	技能大赛内燃机车钳工第 13 名	总公司级
2011 年至 2015 年	建功立业奖章	路局级
2016 年	合理化建议和技术改进成果三等奖	路局级
2014 年至 2017 年	首席技师	路局级

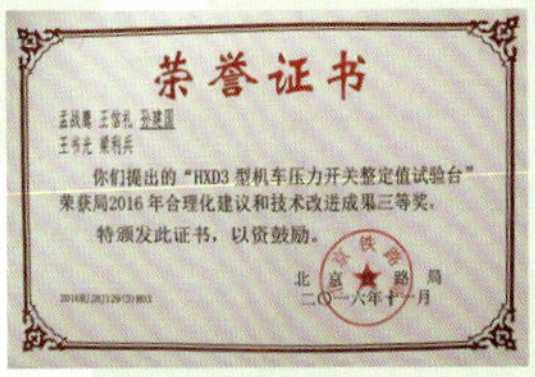

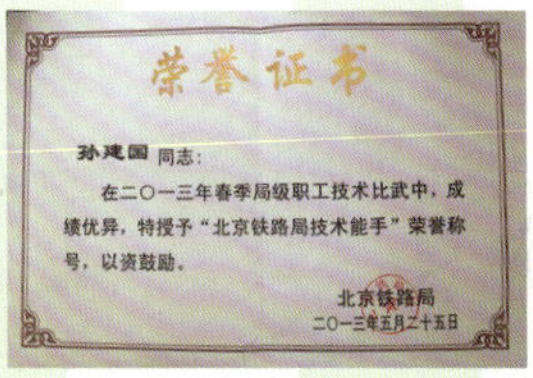

成果

1.“220”质量管理信息平台

为落实机车检修作业标准化、检查整治常态化的要求，加强检修基础质量管理，规范“220”有关工作，孙建国与设备科联合开发“220”质量管理信息平台。该平台将“220”文件涉及各部门的内容细化分解到月、周，逐渐规范了各部门“220”管理需要具备的规章制度、技术资料，使各部门能够按时完成“220”文件要求的日常工作。“220”管理逐步走向正规化、标准化，达到“立标、学标、贯标、达标”工作要求，全面查找干部管理规范化、职工作业标准化方面存在的问题，全力推进“夯基础、强管理、标准化”目标的实现。

2. 风压开关检测试验台

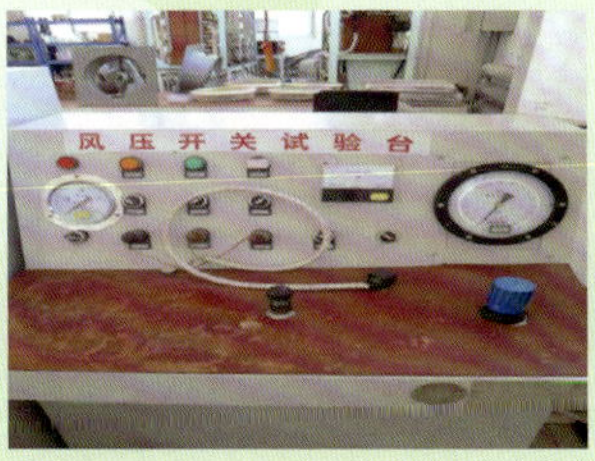

孙建国通过积极调研与专业工程师、设备车间联合研制了风压开关检测试验台，并制定风压开关调整作业指导书，通过制作试验台及制定风压开关调整作业指导书，使检修车间能够实现风压开关的车下校正与调整，保障了整定值的调整精度，消除了安全生产隐患。

3. 压缩机油细分离器工作状态“打纸检查法”

针对油细分离器工作状态外观无法检查的问题，孙建国通过分析、调研，提出了压缩机油细分离器工作状态“打纸检查法”。通过油细分离器工作状态“打纸检查法”，使检修车间对无法执行的螺杆式主空气压缩机检修范围得以执行，保证了螺杆式主空气压缩机检修质量。通过“打纸检查法”能够对压缩机油细分离器工作状态进行检测，对油气含量超标的压缩机油细分离器及时更换，使压缩机油细分离器处于良好工作状态，保障螺杆式主空气压缩机压缩空气质量良好，减少了空气制动系统故障。

技艺精湛的技师——石超

人物

石超，男，1977 年生，中共党员，大专学历，路局首席技师。1998 年 8 月参加工作，现任邯郸工务段邢台线路车间小康庄二工区线路班长。

石超善于运用科学的手段养护、维修线路设备，多年来，责任设备质量始终保持着常态优秀。他对整治设备静态和动态病害的心得不同。他认为在整治静态病害上没有捷径可走，要做到综合考虑各项指标，综合整治、源头整治，避免头疼医头、脚痛治脚的有害劳动，只有从根本上解决问题这一条道。对设备动态病害的整治他的理念是动态上做到两个字——“平、顺”。对钢轨的纵向高低、水平、轨面要做到动态下保持“平”；对轨向、轨距包括各项递减率要做到“直顺”，曲线做到“圆顺”。为了应对各种动态检测超限，他积极学习利用轨检车资料整治设备动态病害的方法。这种先进工作方法的掌握使他能轻松高效提高设备质量。

荣誉

2015 年	线路工组技术比武第一名	路局级
2015 年	技术能手	路局级
2015 年	全路技术能手	总公司级
2016 年	合理化建议和技术改进成果三等奖	路局级

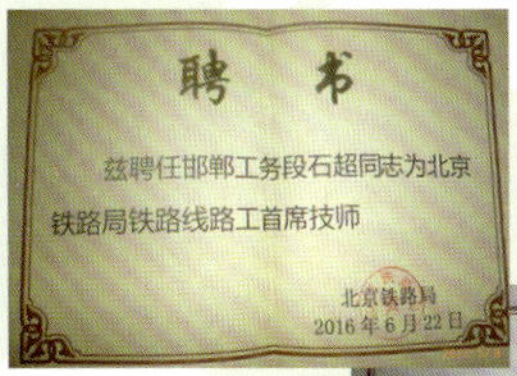

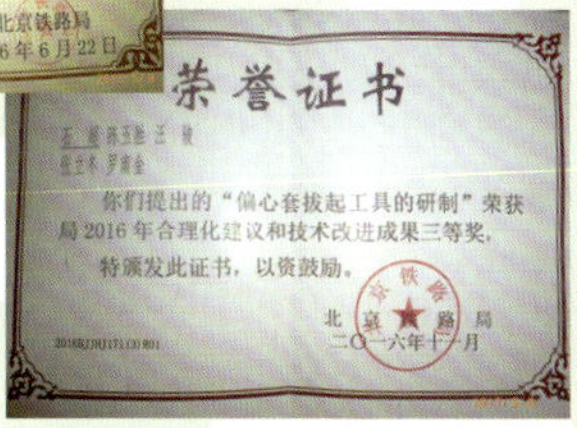

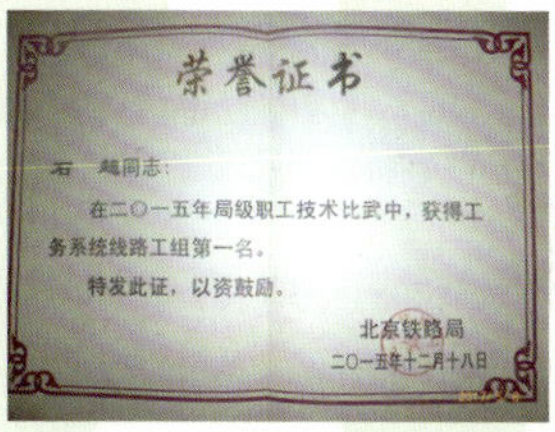

成果

偏心套专用拔起工具

GLC（08）01 型道岔在转辙部位调整轨距时，通过旋转复合偏心套或调整偏心套规格，以改变滑板两螺栓孔中心距，从而实现基本轨横向位移调整轨距的目的。复合偏心套为塑料橡胶制品，现场复合偏心套经过长年日晒雨淋，滑床板锈蚀，偏心套老化。工务职工在作业时往往无法取出偏心套，即使勉强取出，套体已损坏。针对这一问题，石超研制了偏心套拔起专用工具，为可动心轨道岔转辙部位改正轨距作业提供了方便，大大提高了工作效率。

攻克隧道渗水的高级技师——王春晓

人物

王春晓，男，1966 年生，大专学历，高级技师。1989 年参加铁路工作，现为石家庄邯郸工务段桥隧工。

王春晓近年来，刻苦钻研与自己工作相关的业务，协助段技术人员解决桥梁晃车、路基翻浆、桥梁与路基过渡段不平顺等技术难题，获得段领导的好评。他先后申请国家专利 4 项（2 项发明专利，2 项实用新型专利）。2016 年申报的国家发明专利“一种防渗粉剂、防渗水材料及其制备和应用方法”，已通过初审合格，公开符合要求，现已进入实质审查阶段。同年申报的国家实用新型专利“一种注浆栓”，于 2017 年 4 月获得授权证书。2016 年申报的国家实用新型专利“一种应用于井管自动脱钩器”，于 2017 年 5 月获得授权证书。2017 年 5 月 3 日，申报国家发明专利“一种建筑移动模板的制作方法”，申报合格，现已进入初审阶段。同时撰写多篇技术论文，其中一篇获 2016 年度北京铁路工人技师协会石家庄工作委员会技术论文交流一等奖。

荣誉

2016 年	国家发明专利	国家级
2017 年	国家实用新型专利	国家级

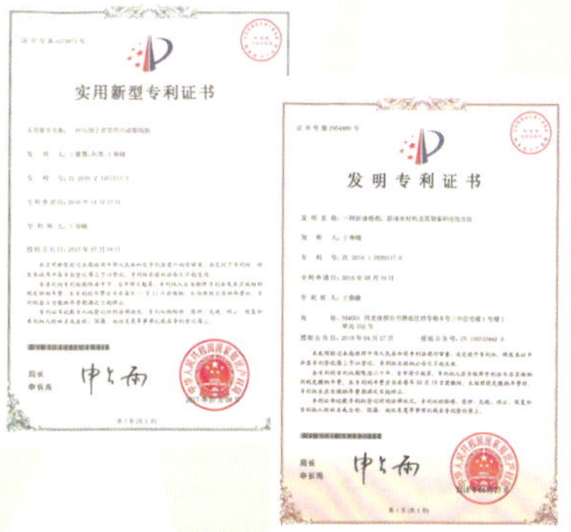

成果

1. 防渗粉剂

铁路隧道涵洞在长期使用过程中，常常会出现裂缝，特别是隧道顶部具有高压电网，其顶部漏水可能造成高压电网断电等。王春晓根据工作经验针对常见防渗水材料变性、开裂问题，摸索出一种防渗粉剂材料。它通过注浆管注入漏水处，效果显著，长期有效，永不漏水。防渗粉剂于 2016 年 5 月 19 日申请国家发明专利，现进入实质审查阶段。

2. 注浆栓

现场使用的注浆管，是打入结构体内的，在注浆压力作用下，往往造成钢管脱落，在涵洞结构体内来回甩动十分危险，同时造成浆液浪费。为解决上述出现的问题，王春晓研制出一种注浆栓。该注浆栓的抗拔力在 40 MPa 以上，安全可靠，于 2017 年 4 月 21 日获国家实用新型专利证书。

焊花绚烂的钢铁工匠——田建生

人物

田建生，男，1966 年生，中共党员，全路钢轨焊接工首席技师。现任石家庄工务段石家庄综合机修车间钢轨整治工区工长。

在 1996 年全路职业技能大赛中，由田建生亲手焊接的钢轨接头，经检验竟然比钢轨本身还要结实，勇夺“全路青年技术状元”。作为全路命名的“田建生钢轨焊接工铁路技能大师工作室”负责人，他带领技术骨干累计完成技术创新成果 10 余项，“异型钢轨变型机”采用了无杆腔作业，在异型轨的焊接工艺上推陈出新；创新完成焊接“A-100 型”重型钢轨新工艺，这两项成果均填补了国内焊接重型轨的技术空白；成功研制的“钢轨拉伸器悬空作业法”不仅省时省力，而且提高了线路质量；研制成功的“液压钢轨双向弯轨器”，解决了提速道岔尖轨部位和桥梁上因护轨等处所不能反向弯轨的弊病；与北京科研所共同研制的均衡式液压钢轨拉伸机，通过铁道部产品质量监督检验中心验证，并推广使用。目前，田建生同志在铁路钢轨焊接的技术上精益求精，努力探索钢轨焊接新技术、新工艺。在他的带领下，田建生技能大师工作室正在铁路钢轨科研道路上创造新的成绩。

荣誉

2014 年	河北省突出贡献技师	省级
2015 年	“最美京铁人”道德模范	路局级
2016 年	京铁工匠	路局级

成果

1. 无杆腔异型钢轨变型机

铁路线路上的钢轨在承担着繁重的运输任务过程中，特别是站区不同轨型连接处，极易形成低塌接头和夹板折断。为提高设备质量，田建生建议并制作出新型无杆腔异型钢轨变型机。加热方法采用喷焊焊炬作为加热工具。该机性能稳定、实用性强，焊接后的接头质量高，消除了以往用异型夹板连接容易形成低接头、轨端掉块、夹板折断等弊病。

2. 制作辙岔焊修专用测尺

辙岔是工务设备最薄弱的环节，保养不良，就会加剧综合病害形成。为提高焊后打磨质量，田建生根据辙岔几何尺寸，制作出焊补辙岔的多功能专用量具。其特点一是能够对辙叉左右翼轨、心轨进行同步测量；二是能够对轮缘槽宽度、心轨圆弧度及工作边、钢轨顶面的平顺度进行测量；三是能够对辙岔咽喉部位尺寸进行测量；四是现场使用方便、易操作、精度高。

3. 研制分体式 -1 型钢轨压平机

为提高设备质量和旅客列车的舒适度，他积极组织技能较高的职工研制成功分体式 -1 型钢轨压平机。分体式 -1 型钢轨压平机具有结构简单、强度高、易于操作、快捷方便等特性。利用分体式 -1 型钢轨压平机整治无缝线路高、低接头的病害，可从根本上解决设备晃车这一难题。

善于钻研、勇于创新的高级技师——刘国杰

人物

刘国杰，男，1966 年生，大专学历，高级技师。1984 年参加工作，1989 年到石家庄电务段工作，目前在石家庄电务段石家庄车载设备车间担任业务指导。

刘国杰自参加工作以来，能立足本职工作，认真学习钻研技术业务，不断创新。1996 年参加全路技术演练赛活动并取得了优异成绩，荣获机车信号项目段级第一名、分局级第一名、路局级第一名，在全路第五届青年职业技能大赛运输系统机车信号工种（岗位）比赛中荣获第六名，被授予“全路青年技术能手”称号，1997 年被授予“铁路系统信号工技术能手”称号。曾编制了《机车信号实用手册》《信号工（机车信号）》《信号工（机车信号）习题集》《机车信号培训教材》《北京铁路局职工培训考试题库—信号工（机车信号）》等教材和技术书籍。2015 年开发设计了“学规背规学习考试软件”，2016 年开发设计了“机车信号数据远程传输软件”。

荣誉

2013 年　　合理化建议和技术改进成果三等奖　　路局级

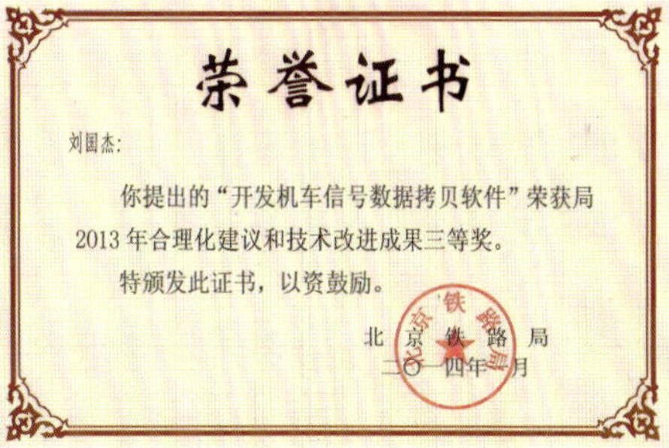
荣誉证书

刘国杰：

你提出的“开发机车信号数据拷贝软件”荣获局2013 年合理化建议和技术改进成果三等奖。

特颁发此证书，以资鼓励。

北京铁路局

二〇一四年　月

成果

1. 编写职工培训考试题库

2012 年为促进职工全面、准确地掌握岗位专业知识，提高作业技能，进一步规范职工培训考试工作，提高职工的技术业务水平，由北京铁路局职工教育处组织，北京铁路局编制，由刘国杰编写了《北京铁路局职工培训考试题库—信号工（机车信号）》一书。

2. 机车信号数据发送处理系统

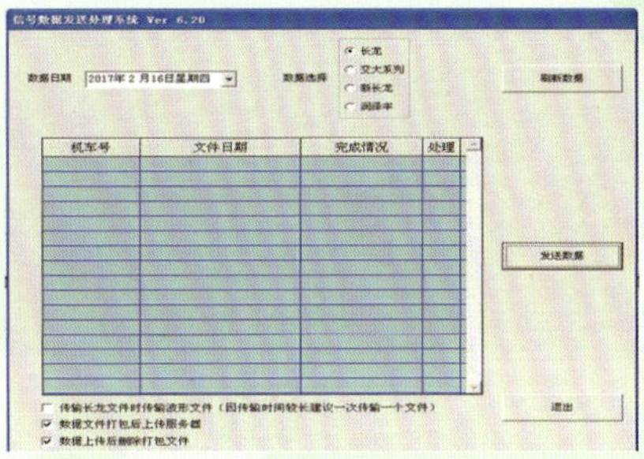

为加强车载设备的技术管理工作，刘国杰根据机车信号转储现状解决了机车信号数据远程传输问题。在“机车信号数据拷贝软件”的基础上，开发了“机车信号数据发送处理系统”。该系统利用机车信号系统数据的转储和分析，能有效消除机车信号设备隐患。

3. “学规背规”学习考试软件

为更好地开展学规背规活动，刘国杰编制了“学规背规学习考试软件”。该软件使用简单，易学易用，考试题目采取路局统一试题，试题数量可以自行设置，随机抽题时会在设置的题目中选取，软件大小 5.4 Mb，无需安装，使用 U 盘即可直接运行，携带方便，是车间及班组等基层单位学规背规学习考试使用的更佳选择方式，目前已推广到部分车间使用。

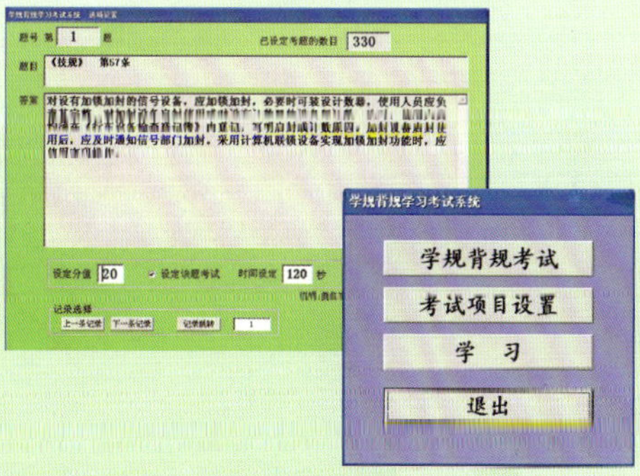

精检细修、勇于探索的高级技师——张海明

人物

张海明，男，1969年生，中共党员，高中学历，管道工高级技师。1986年12月参加工作，现任石家庄建筑段邯郸供热车间供暖二工区管道工。

张海明参加工作以来，积极学技练兵，不断超越自我。同时在生产上多动脑、勤动手，对供热系统深钻细研，解决了多项现场安全生产难题。其中"承压锅炉及暖气系统超压控制法"解决了锅炉及暖气系统的介质因吸收热量而膨胀造成的系统超压现象，此项技术革新在全段安装锅炉时全面推广。2014年获得北京铁路局"技术革新标兵"称号；2015年在中国铁路总公司举办的管道工职业技能竞赛中取得第九名；2015年度获得北京铁路局"党员技术能手"的称号；2016年在北京铁路局秋季技术比武中获管道工组第三名；2016年获得北京铁路局"先进生产（工作）者"和"技术能手"称号。

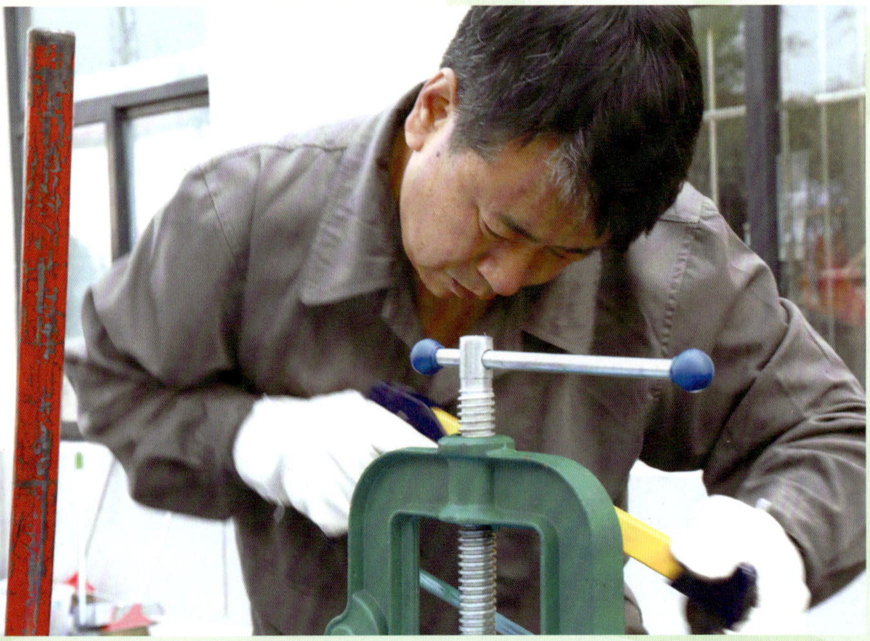

荣誉

2014 年	技术革新标兵	路局级
2015 年	党员技术能手	路局级
2015 年	管道工职业技能竞赛第九名	总公司级
2016 年	技术比武房建系统管道维修组第三名	路局级
2016 年	先进生产（工作）者	路局级
2016 年	技术能手	路局级

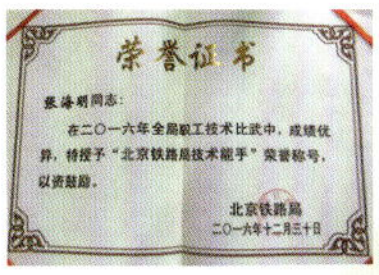

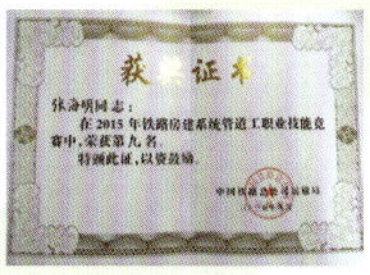

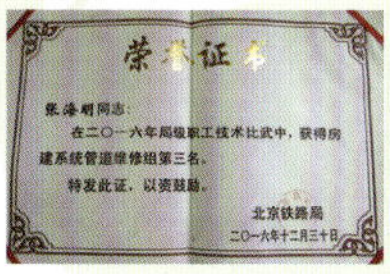

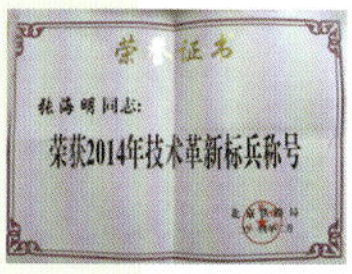

成果

1. 用数字化设备提高工作效率

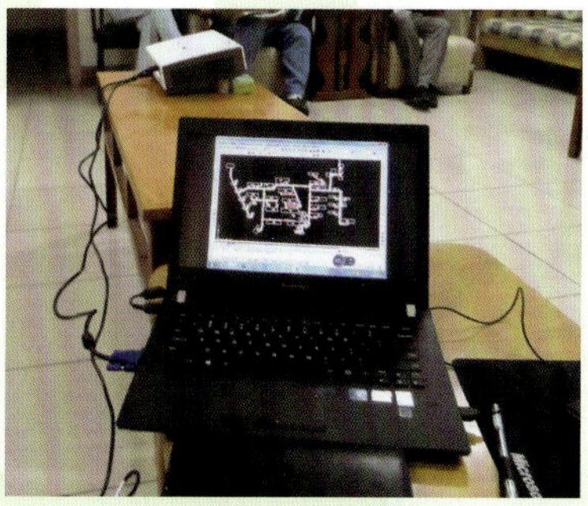

设备委外修理与施工人员进行安全技术交底时，张海明利用车间投影仪、电脑等设备，在施工交底时利用电子投影设备，把制定的施工方案、电子图纸、详细工程量，向施工单位进行安全技术交底。采用电子 CAD 投影把施工图纸与现场相结合的方法进行，使施工单位一目了然，再与施工现场交底相结合，大大提高工作效率。

2.“四小三法”创新成果

针对现有锅炉存在一边补水一边泄压的不正常状态，张海明对电接点压力表和电磁阀的控制电路进行了改进。在控制箱内安装 SJ-99 型时间继电器和 CJX2-0910 型接触器构成自动定时泄压电路，使系统泄压平稳，压强控制在 0.05 MPa 左右，从而避免了补水泵变频启动，解决了锅炉一边补水一边泄压的问题。

3. 加装投药罐

张海明所在工区邯郸铁路大院采暖锅炉总容量 40 MW，为保证锅炉水质，化验人员需每次投入药品 200～300 kg，且水箱高达 2.5 m，属于登高作业，需人工提升至水箱口。职工劳动强度大，存在高处坠落的安全隐患。为解决该问题，张海明带领化验人员一起设计安装投药罐、耐腐泵及管道路由、控制线路敷设地点。经过在 2016 年至 2017 年焚火期使用检验，效果良好，减轻了职工劳动强度，消除了安全隐患，提高了作业效率。

技术带头人 “京铁工匠”——杜金明

人物

杜金明，男，1975 年生，大专学历，路局首席技师。1994 年参加工作，现任衡水工务段衡水动力设备车间轨道车司机、班长，轨道车司机技师。

杜金明同志经过多年的潜心钻研和经验积累，总结出的“‘一听、二敲、三摸’杜金明车辆故障诊查工作法”，作为轨道车司机日常车辆检查的标准作业程序。他动手研制的轨枕吊装“联排”专用吊具，一次可吊装四根混凝土枕，操作简便，安全实用，受到了职工一致好评，被段评为“科技创新奖”，在轨道车上加装逆变器，确保车载设备供电稳定，获得段“四小三法优秀奖”。他在 2008 年、2016 年分别获得了路局技术比武轨道车司机组第一名、第二名，被路局授予“北京铁路局技术能手”称号。2014 年起至今连续聘为路局首席技师，2016 年又被段评为首批“能工巧匠”，路局首批“京铁工匠”，他的突出事迹在 2017 年《北京铁道报》头版进行了宣传报道，为全段职工树立了榜样。

荣誉

2016 年	技术比武工务系统轨道车司机组第二名	路局级
2016 年	技术能手	路局级
2016 年	京铁工匠	路局级

聘　书

兹聘任衡水工务段杜金明同志为北京铁路局轨道车司机首席技师

北京铁路局
2014 年 7 月 4 日

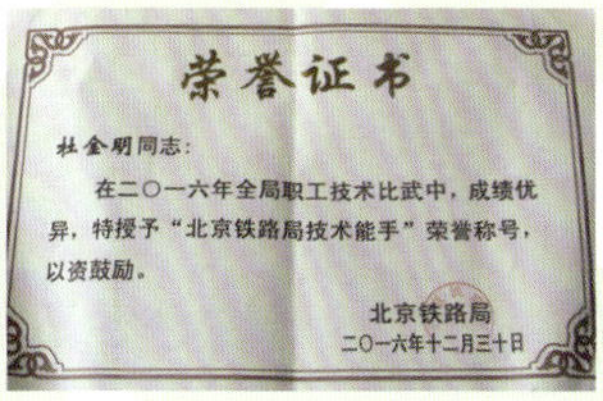
荣誉证书

杜金明同志：

在二〇一六年全局职工技术比武中，成绩优异，特授予“北京铁路局技术能手”荣誉称号，以资鼓励。

北京铁路局
二〇一六年十二月三十日

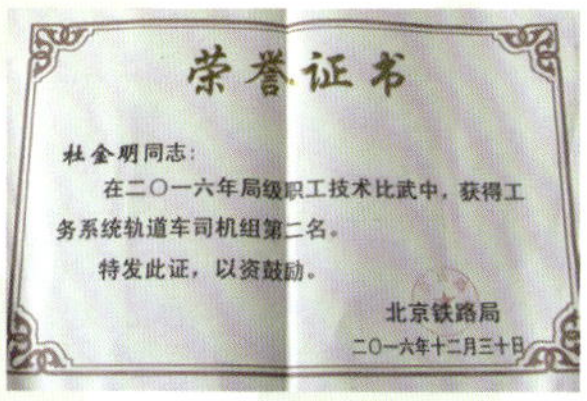
荣誉证书

杜金明同志：

在二〇一六年局级职工技术比武中，获得工务系统轨道车司机组第二名。

特发此证，以资鼓励。

北京铁路局
二〇一六年十二月三十日

杜金明 同志：

被命名为2016年度

京铁工匠

北京铁路局
2016.12

成果

吊装轨枕专用吊具

杜金明研制了吊装轨枕专用吊具，该吊具通过钢丝绳起吊，梅花垫圈固定在轨枕螺丝杆。其优越性一是安全可靠，起吊后不易脱扣；二是简便易操作，作业人员经过简单的培训即可操作；三是节省人工，较人工装车效率提高 5 ～ 6 倍。作业效率大大提高，且安全系数高，消除了装卸过程中的人身安全隐患。

青年科技创新领头人——李辰猛

人物

李辰猛，男，1991 年生，中共党员，高级工。2015 年入职北京铁路局石家庄货运中心，现为八里庄营业部货运员，助理工程师。

2016 年 3 月，他发表的论文《铁路发展全程物流所面临的问题及对策分析》获得路局优秀论文奖，另有两篇论文在路局刊物《铁道科技》发表。2016 年 4 月，获得货运中心“优秀共青团员”称号；2016 年 5 月，参加北京铁路局在天津举办的 QC 质量管理成果发布会，在全局 48 支队伍中崭露头角，“降低货场内煤炭粉尘污染”项目获得北京铁路局优秀成果奖；同年 6 月份，参加路局和铁道团委的团干部培训，并获得“优秀学员”称号。在现场工作中，为改变传统防溜隔时检查记录漏填、漏检、错填的弊端，自主开发研制出电子防溜软件和检查手持机，并且该成果申报了路局科技创新项目。

荣誉

2016 年	优秀论文奖	路局级
2016 年	QC 质量成果优秀奖	路局级
2016 年	优秀师徒	路局级

成果

1. 发表的论文

全程物流

集装箱

现代物流

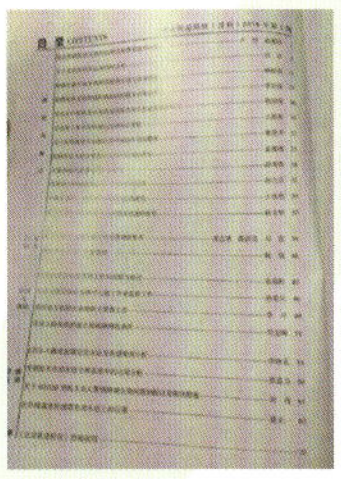

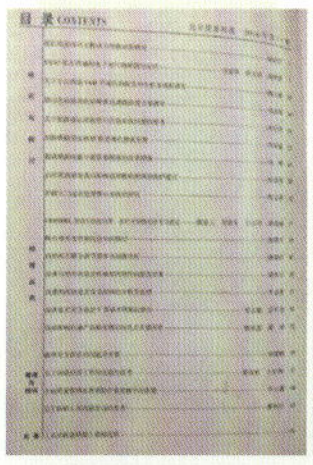
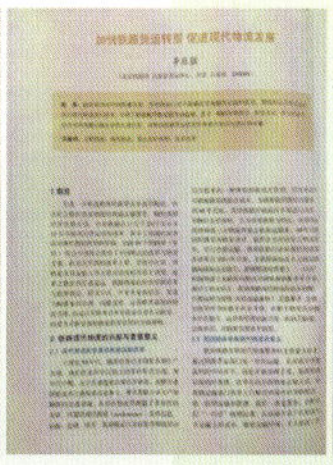
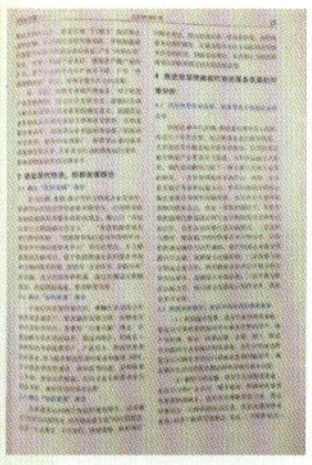

2. 降低货场煤炭粉尘污染

李辰猛参与研究的 “降低货场内煤炭粉尘污染”课题，不仅起到了有效的抑尘作用，更节约了煤炭资源，创造出巨大的社会效益，获得 2016 年路局“质量管理优秀成果奖”。

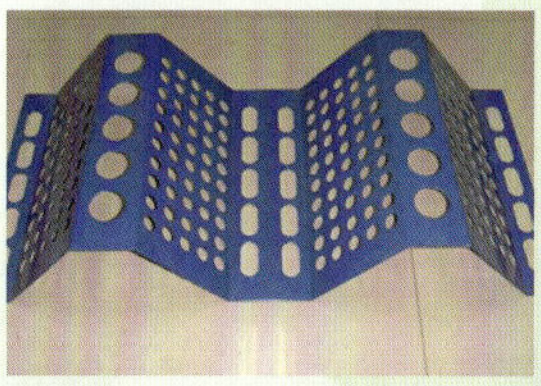

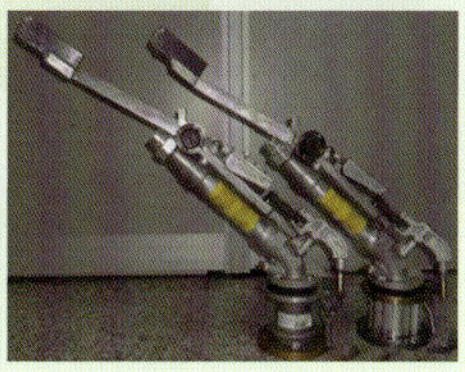

3. 电子防溜隔时检查设备

李辰猛自主研发电子防溜软件和具有 GPRS 无线传输功能的配套手持机，实现防溜作业全程无纸化操作，解决了传统检查的漏填、漏检弊端，降低登记错误率。

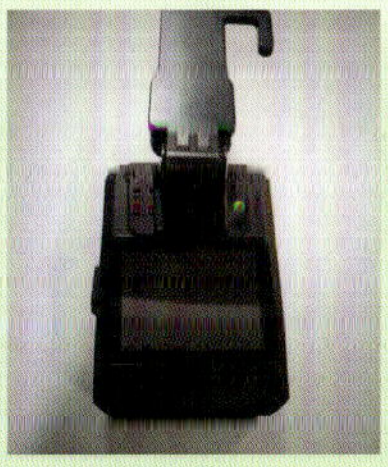
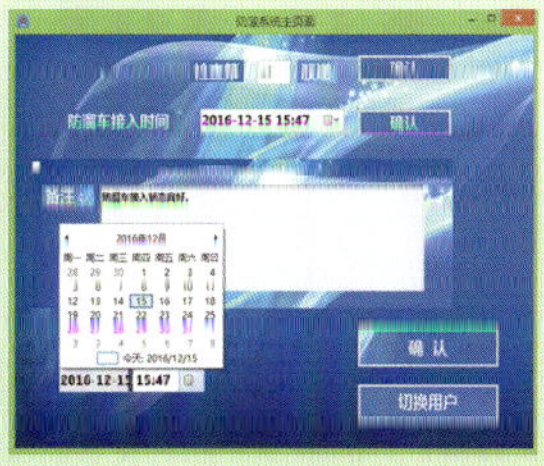

脚踏实地、创新发展的车站值班员——程洪敏

人物

程洪敏，男，1973 年生，中共党员，大专学历，工人技师。1992 年 8 月参加工作，现为邯郸车务段邢台站车站值班员。

程洪敏同志参加工作以来始终坚持安全第一思想，工作尽职尽责，刻苦钻研业务知识，一丝不苟执行作业标准，理论结合实践练就了一身过硬的业务技能，为安全运输生产做出了积极的贡献。2012 年被评为路局标准化先进班组长，2013 年被评为路局标准化先进职工，2016 年发明的“防止列车、电力机车进入无电区安全提示牌”，被路局评为 2016 年度“全局全员全领域千名创新之星”。

荣誉

2012 年	标准化先进班组长	路局级
2013 年	标准化先进职工	路局级
2016 年	全局全员全领域千名创新之星	路局级

成果

防止进入无电区安全提示牌

防止列车、电力机车进入无电区安全提示牌，在办理闭塞、布置进路前，起到提醒车站值班员、信号员作用，可提高车站值班员、信号员自控（互控）能力，防止向无电区放行电力列车的事故发生。目前“安全提示牌”已在邯郸车务段全面推广使用，效果良好，获得路局 2016 年度“全局全员全领域千名创新之星”表彰。

修旧利废能人，技术革新高手——刘建国

人物

刘建国，男，1960年生，高中学历，电焊工高级技师。1978年9月入路，现任石家庄南站减速顶维修中心工长。

刘建国在工作中勤以学习，善于钻研，完成一系列设备改造和维修任务。他利用现有维修设备和配件修旧利废，从报废的废顶中分解组装减速顶320台，累计节省维修资金约145000元，为车站增收节支工作做出贡献。人工搬动道岔在道岔搬动后，车辆经过道岔时容易使道岔手柄反弹产生四开状态，危及车辆安全，对此，他带领班组职工对道岔进行了革新改造，加装了自动锁闭装置，消除了设备隐患，保障了行车安全。由于表现突出，他多次获得“优秀党员”、路局“先进个人”、路局“先进班组”等荣誉，受到各级表彰奖励。

荣誉

2012年	优秀先进个人	路局级
2013年	优秀先进个人	路局级
2014年	技术革新标兵	路局级
2015年	优秀先进个人	路局级
2016年	优秀先进个人	路局级
2016年	工人先锋号	路局级

成果

自动锁闭器

人工搬动道岔在道岔搬动后，车辆经过道岔时容易使道岔手柄反弹产生四开状态，危及车辆安全。原道岔扳手采用人工加锁费时费力，在人为因素因忘记加锁时，存在重大安全隐患。为此，刘建国研制了自动闭锁器。人工搬动道岔加装了自动锁闭装置后，只要道岔扳手搬动到位锁闭铁会自动锁闭道岔扳手，使其不会反弹，消除了设备隐患，保障了行车安全。

善于钻研、勇于创新的首席技师——王新春

人物

王新春，男，1971 年生，中共党员，大专学历，路局首席技师。1989 年 7 月参加工作，现任邯郸工务段磁县线路工区工长。

他勤于学习，善于钻研，勇于创新，电气焊、木瓦工样样精通，是大家公认的能人。他为了线路设备基础稳定和行车安全，为提高作业效率，充分利用天窗点时间，一直不懈地探索和努力，先后研究出了“Z 型绝缘轨距调整块”“立螺栓分开式扳手”“提速道岔护轨水平螺栓紧固扳手”“尖轨桥型通过器”“整组更换轨件推进模块”“岔枕液压方枕器”等。他研制的工具器具操作简单，方便实用，提高了作业效率，减轻了劳动强度，在日常维修作业中起到了事半功倍的效果，并分别获得了段奖励和推广，期间撰写的论文《整组更换轨件前期准备与作业流程的控制》荣获铁道学会优秀论文三等奖。

他身为线路工区工长首席技师，在工作岗位上严于律己，勇于负责，努力提高自身的业务水平和班组管理能力，在安全生产中充分发挥了一名首席技师的骨干引领作用和技术优势，他所带领班组的设备质量在全段名列前茅，先后被评为“优秀党员”、路局“先进职工”、路局“标杆班组长”、路局“安全立功功臣”及“创新之星”等。

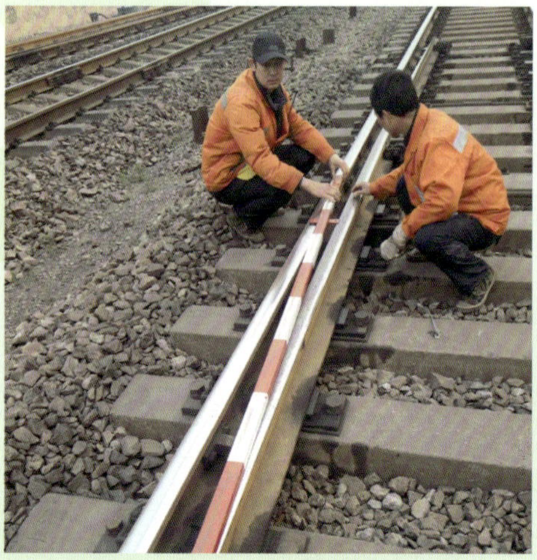

荣誉

2014 年　　首席技师　　路局级

聘书
兹聘任邯郸工务段王新春同志为
北京铁路局铁路线路工首席技师
北京铁路局
2014 年 7 月 4 日

成果

1. 尖轨岔心桥型通过器的研制

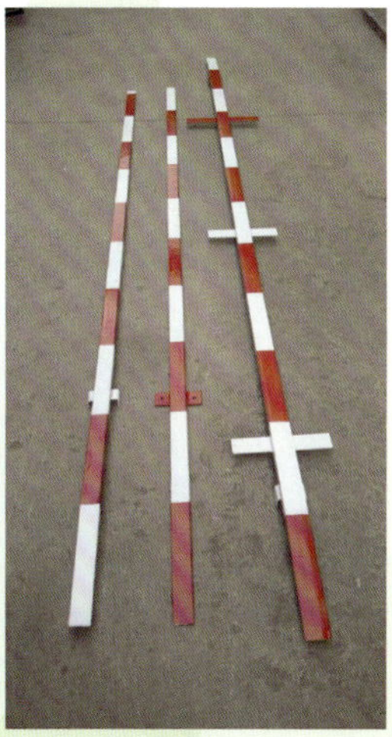

在维修天窗点内使用多功能吊轨小车推运钢轨通过尖轨或岔心时，由于道岔锁闭值班员不能搬动道岔，需要卸下钢轨或岔心组织人力拨到另一股，再吊起钢轨或岔心通过尖轨运到指定地点再次拨回来，这样来回拨动钢轨费时、费工、安全作业效率低。研制的“尖轨岔心桥型通过器”经过现场实践，在尖轨不搬动的情况下，安装尖轨或岔心桥型通过器就能顺利的推运到目的地，节省了来回跨股拨钢轨或岔心的时间，保证了安全，在一次运轨或岔心时可节约 1000 元。

2. 液压方枕器的研制与应用

京广正线线路和道岔由于线路伸缩爬行、大机作业操作不当、作业当中人为的造成轨枕偏斜不方比较普遍。

当轨枕不方偏斜时，易造成扣件损坏、轨枕受力不均破损、几何尺寸发生变化影响行车安全。日常方枕作业需要三人使用撬棍撬、拨、扛特别费时费力，有时轨枕被方高，影响行车安全。王新春将磨损报废后的液压起拨道器修理拼装为液压方枕器， 在有限的天窗点内改变了以往手工方枕费时、费力、不安全的作业方法，操作简单、轻便，减轻体力劳动，提高作业效率，确保了人身和行车安全。

善于钻研、勇于创新的高级技师——尹万伟

人物

尹万伟，男，1973 年，大专学历，高级技师。1995 年 12 月参加工作，现任石家庄供电段石家庄变配电检修车间石电检二工区担任班组长，从事电机钳工。

尹万伟参加工作以来兢兢业业，勤奋好学，善于钻研，积极研究探索，成功研制了“空调来电自启动器及便携式试验仪器”，获得段科技成果奖。2014 年他研制的“高铁无人所亭空调来电自启动装置”在高铁无人所运行良好，彻底解决了停电后再次来电空调不能启动对设备造成的影响。2016 年研制的“便携式保护试验仪器”在石太客专检修工作中试验良好，节省大量人力物力。“京广高铁变电所主变、馈线保护装置防拒动技术改进”荣获路局 2016 年合理化建议和技术改进成果二等奖。工作中积极培养新人，在作业现场手把手地教，快速提升新人的技术业务素质。2015 年获得段“先进工作者”和“标准化职工代表”。

荣誉

2015 年	先进生产（工作）者	路局级
2016 年	合理化建议和技术改进成果二等奖	路局级

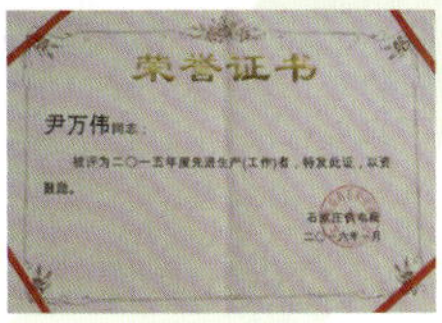

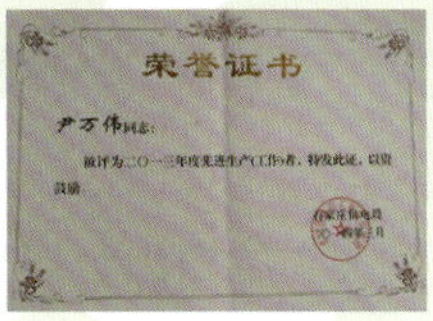

成果

空调来电自启动装置

尹万伟研制的空调来电自启动装置，给管内空调加装来电自启动装置，在市电停电后再来电时空调能够自行启动，并按照自动模式运行。这样，不管冬天还是夏天，控制室温度恒定在 20℃，以确保设备良好运行，延长蓄电池使用寿命，同时装置配备光耦进行信号传输，保证电调能够实时监控空调运行状态，消除安全隐患，节省费用支出。

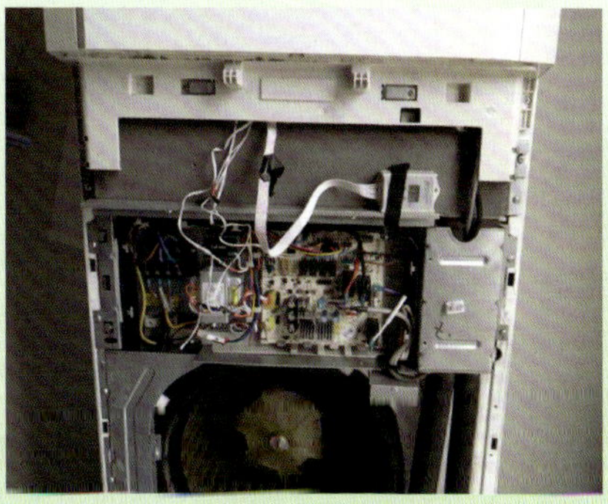
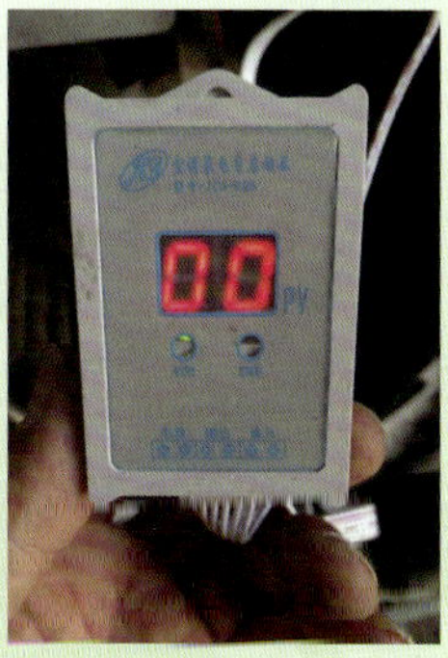

技术革新能手——杨康强

人物

杨康强，男，1978 年生，本科学历，工人技师。1999 年 8 月参加工作，现任石家庄车辆段设备车间维修三组工长。

杨康强同志 2013 年被聘为技师，又身兼班组长职务，工作中严格要求自己。不断学习先进的电控知识，了解电气控制发展方向，寻找可以使设备运转更安全、方便的新技术、新材料。针对现场设备的不良设计想办法、出主意，组织人员进行小改小革。多年来，他理论联系实际，参与车间 QC 小组攻关，获得北京铁路局合理化建议和技术改进成果二等奖和河北省优秀科技质量成果奖。对钩尾框轴向磁化主电路的优化项目获得北京铁路局 2016 年“四小三法”技术革新优秀成果奖。由于业绩突出，连续四年被评为“北京铁路局先进生产（工作）者”并授予建功立业奖章。

荣誉

2013 年	先进生产（工作）者	路局级
2014 年	河北省优秀科技质量成果奖	省级
2015 年	优秀高技能人才	路局级
2015 年	先进生产（工作）者	路局级
2016 年	“四小三法”技术革新优秀成果奖	路局级

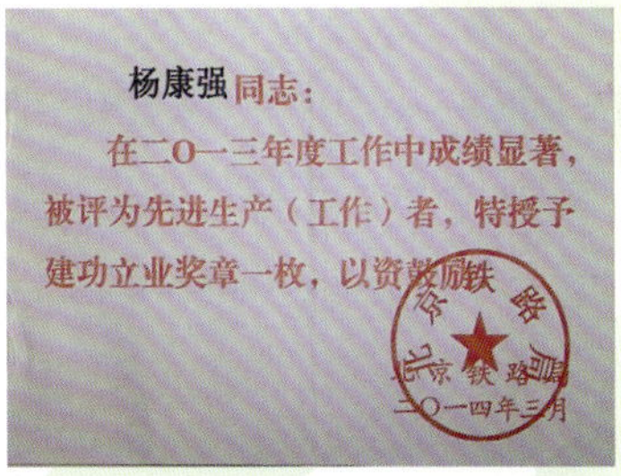
杨康强同志：
在二〇一三年度工作中成绩显著，被评为先进生产（工作）者，特授予建功立业奖章一枚，以资鼓励。
北京铁路局
二〇一四年三月

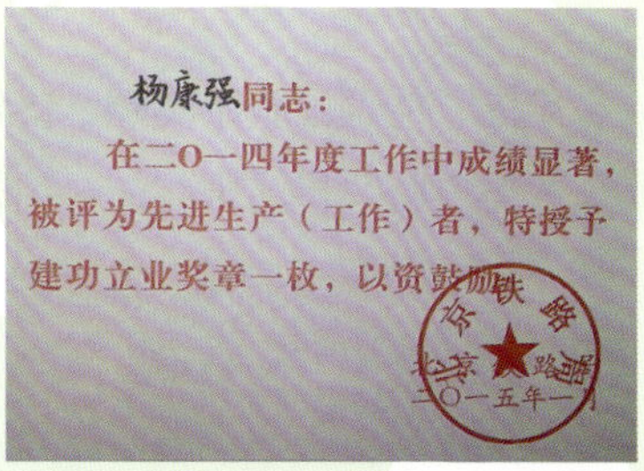
杨康强同志：
在二〇一四年度工作中成绩显著，被评为先进生产（工作）者，特授予建功立业奖章一枚，以资鼓励。
北京铁路局
二〇一五年一月

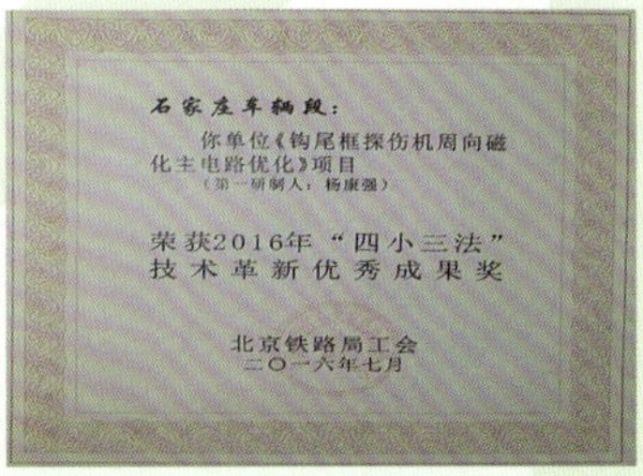
石家庄车辆段：
你单位《钩尾框探伤机周向磁化主电路优化》项目
（第一研制人：杨康强）
荣获2016年“四小三法”技术革新优秀成果奖
北京铁路局工会
二〇一六年七月

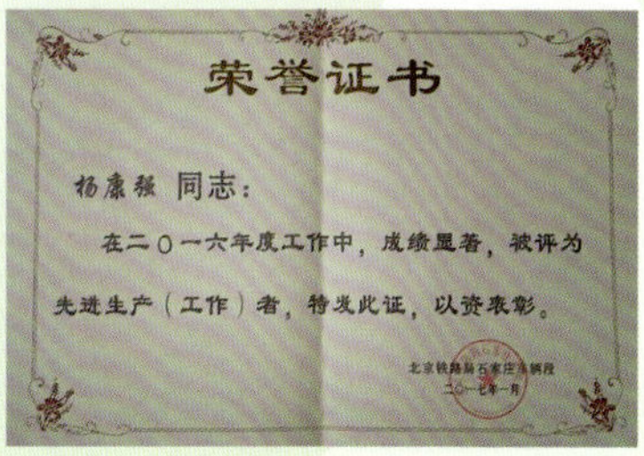
荣誉证书
杨康强 同志：
在二〇一六年度工作中，成绩显著，被评为先进生产（工作）者，特发此证，以资表彰。
北京铁路局石家庄车辆段
二〇一七年一月

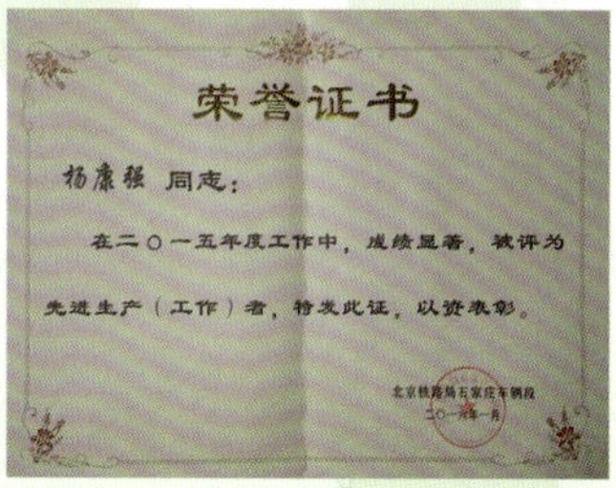
荣誉证书
杨康强 同志：
在二〇一五年度工作中，成绩显著，被评为先进生产（工作）者，特发此证，以资表彰。
北京铁路局石家庄车辆段
二〇一六年一月

成果

1．台车流水线控制手柄革新改造，降低材料费用，保障安全。
2．天车限吨器改造，改进后减少由于断线引起的故障，提高安全性。
3．钩尾框探伤机夹持部件改造，提高设备性能。
4．台车移动小车电气控制改造，减少电气故障，同时降低电器元件价格。
5．用 PU 电缆对单梁天车及平衡吊的控制电缆和其他设备移动线路进行更换，降低设备故障率，节省材料费。
6．台车流水线小车测距防撞装置选型试验安装。
7．参与车间组织的交叉杆标志牌打号机开发。
8．设计 C70 货车车辆整车移动平台控制电路，保证了设备的稳定运行，降低了维修难度。

岗位标兵

Gangwei Biaobing

配电岗位标兵——王潇利

人物

王潇利，女，1972 年生，大专学历，路局首席技师。1996 年参加工作，现任石家庄供电段配电值班员。

从事配电工 22 年来，她坚持“勤学、深思、多练、广研”学习法，认真学习掌握岗位知识，尤其是对一些新技术、新设备、先进经验，她都肯学善钻、勤练多问、深究原理，直到能够全面掌握、熟练操作。2012 年正休产假的她接到技术比赛通知后，提前结束假期，仅用半个月时间备战便上阵了，取得配电值班员全能第一名。2013 年春季技术比武理论考试改成以背规方式进行，她克服重重困难，取得段第三名、路局第四名。同年秋季，她再次参加路局技术比武，经过艰辛努力、锐意拼搏，最终取得路局第二名好成绩。

王潇利、孟迪、边冠铭、刘海军、何颖杰被授予2013年“北京铁路局技术能手”称号

2013 年	技术比武供电系统变配电值班员组第二名	路局级
2013 年	技术能手	路局级
2014 年	京铁巾帼建功立业“三八红旗手”	路局级
2014 年	首席技师	路局级
2015 年	高技能人才	路局级

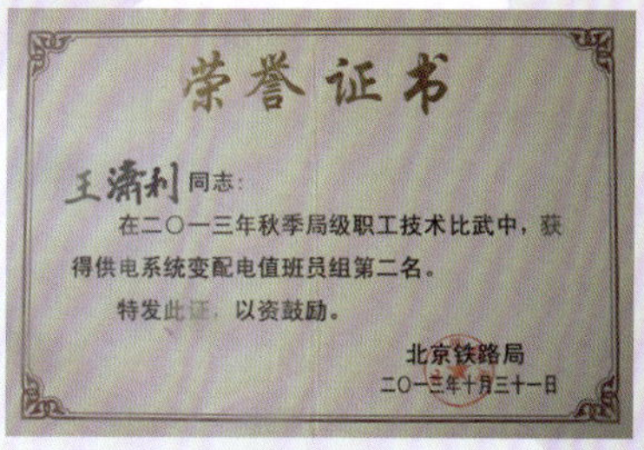
荣誉证书
王潇利同志：
在二〇一三年秋季局级职工技术比武中，获得供电系统变配电值班员组第二名。
特发此证，以资鼓励。
北京铁路局
二〇一三年十月三十一日

荣誉证书
王潇利同志
在二〇一二年职业技能竞赛中，获配电值班员全能第一名，授予“技术能手”称号，特发此证，以资鼓励。

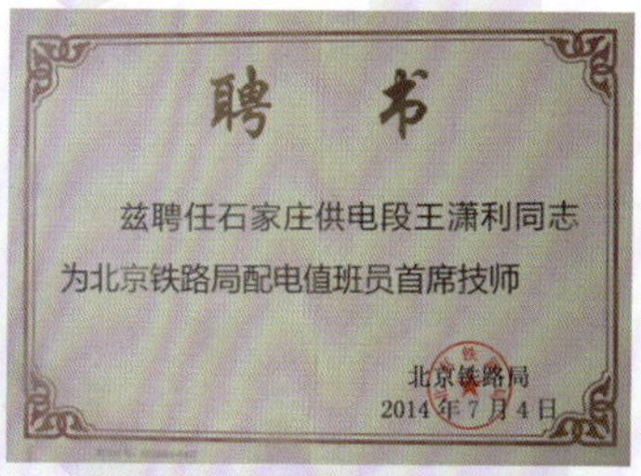
聘书
兹聘任石家庄供电段王潇利同志为北京铁路局配电值班员首席技师
北京铁路局
2014 年 7 月 4 日

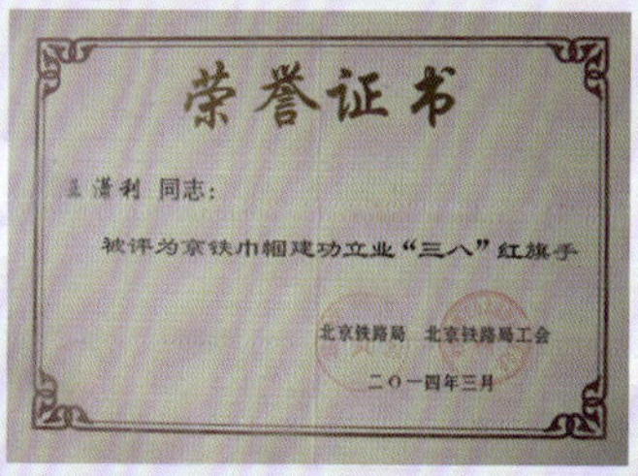
荣誉证书
王潇利 同志：
被评为京铁巾帼建功立业“三八”红旗手
北京铁路局 北京铁路局工会
二〇一四年三月

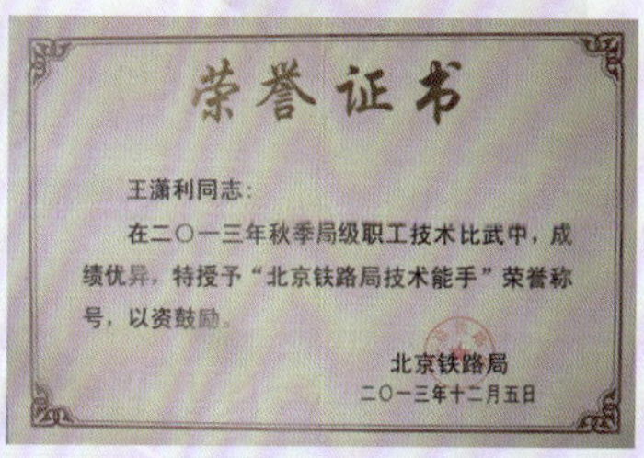
荣誉证书
王潇利同志：
在二〇一三年秋季局级职工技术比武中，成绩优异，特授予“北京铁路局技术能手”荣誉称号，以资鼓励。
北京铁路局
二〇一三年十二月五日

安全的守护者，工友的贴心人——张四忠

人物

张四忠，男，1969 年生，中共党员，大专学历，电力工高级技师。1988 年参加工作，现任石家庄供电段保定接触网工区工长。

在他的带领下工区连续多年被评为段和路局先进班组、先进党支部，2014 年工区荣获中国铁路总公司授予的“火车头”奖章。张四忠本人在 2012 年和 2013 年被路局评为春运竞赛先进个人，2013 年被授予北京铁路局建功立业先进个人奖章，2013 年至 2015 年间连续被路局评为标准化先进职工，2016 年被中国铁路总公司、北京局评为“优秀共产党员”。张四忠同志在工作中坚持“安全优质，服务现场”的宗旨，创造性地提出“一降一提”合理化建议。在他的带领下工区施工和维修过程中发现和消除设备隐患百余处，其中典型的隐患 4 处。共有 58 条合理化建议获得路局和段奖励，其中主导的“机务段优化供电方式技术攻关成果”获路局一等奖。通过多年的工作实践和技术创新，撰写的《故障指示器在供电设备中的应用》技术论文，获得北京铁路局论文一等奖。

荣誉

2012 年	先进生产（工作）者	路局级
2012 年	安全攻关技术能手	路局级
2016 年	优秀共产党员	总公司级
2016 年	优秀共产党员	路局级

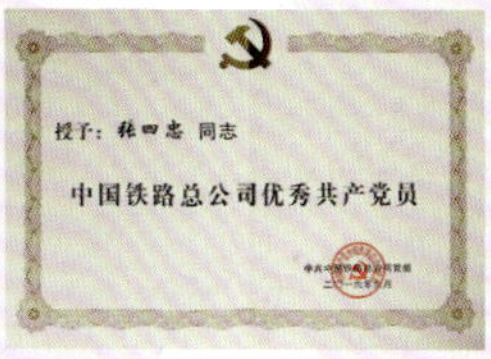

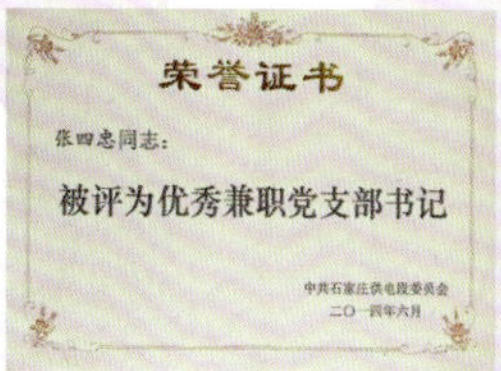

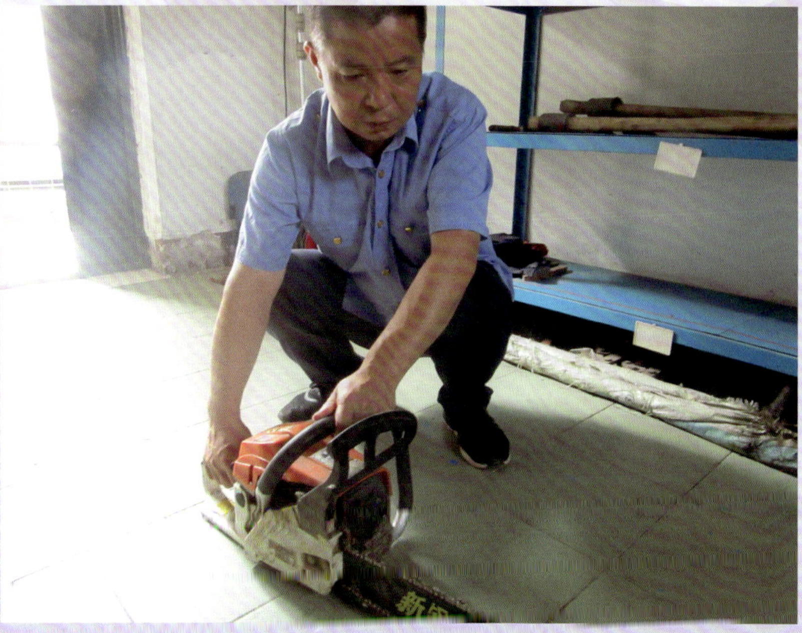

巾帼建功，服务明星——王建霞

人物

王建霞，女，1970 年，中共党员，大专学历，路局首席技师。1988 年 12 月参加工作，现为邯郸车务段邢台站客运车间客运值班员。

王建霞同志自入路以来，一直以饱满的热情严谨的工作态度奋斗在客运一线，始终把“人民铁路为人民”的服务宗旨牢记在心。身为班组长、共产党员，她严格要求自己，工作以身作则，她始终把“创新、和谐、拼搏、奉献”作为班组根基牢固的重要举措，确保了班组在安全、路风以及服务等多方面万无一失。2013 年，邯郸车务段将其所在班组命名为“建霞服务组”，她个人也多次获得段级、路局级“先进工作者”“优秀共产党员”“三八红旗手”等荣誉称号，获北京铁路局建功立业奖章四枚。

荣誉

2012 年	先进生产（工作）者	路局级
2013 年	优秀共产党员	路局级
2014 年	先进生产（工作）者	路局级
2015 年	优秀共产党员	路局级
2015 年	先进生产（工作）者	路局级
2016 年	优秀共产党员	路局级

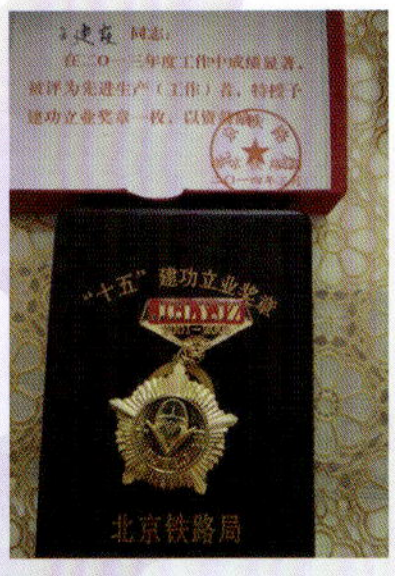

旅客至上的服务标兵——李红伟

人物

李红伟，男，1970年生，大专学历，技师。1985年12月参加工作，现任石家庄站北站车间丙班值班站长。

他参加工作以来，时刻提醒自己牢记“人民铁路为人民”宗旨，时刻把旅客当成亲人，做到干一行专一行精一行。常以全国劳模李素丽说过的一句话“用力服务只能做到称职，用心服务才能做到优秀”激励自己。工作中面对特殊旅客，总想旅客之所想，急旅客之所急，通过他本人总结的“诚心、爱心、耐心、细心”四心服务法为旅客提供温馨周到的服务，千方百计解决旅客燃眉之急，把爱心和真情融入到服务旅客全过程，使“四心服务法”在车间得到广泛推广。在日常工作中李红伟同志以身作则，做标准化作业的典范。在处理各种突发事件时他总是冲在前面，指挥岗位职工有序开展应急工作，解答旅客疑问，为旅客解决困难，用自己的一言一行激励班组的同志们。

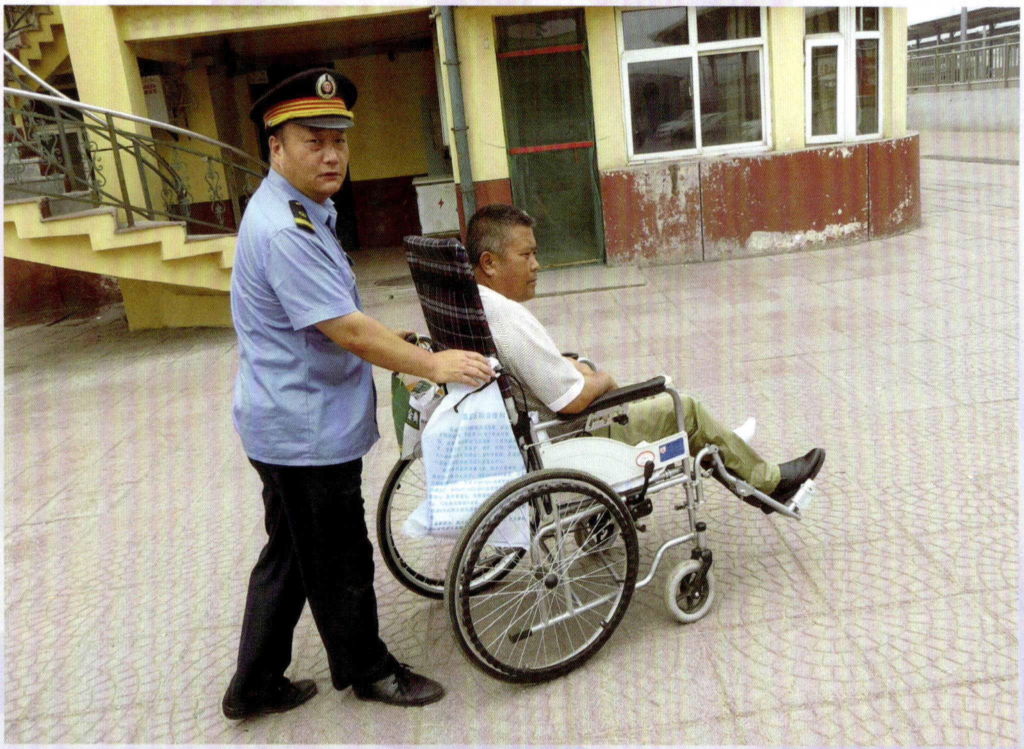

荣誉

2012 年	安全标准化职工	路局级
2014 年	客运服务明星	路局级
2016 年	先进生产（工作）者	路局级

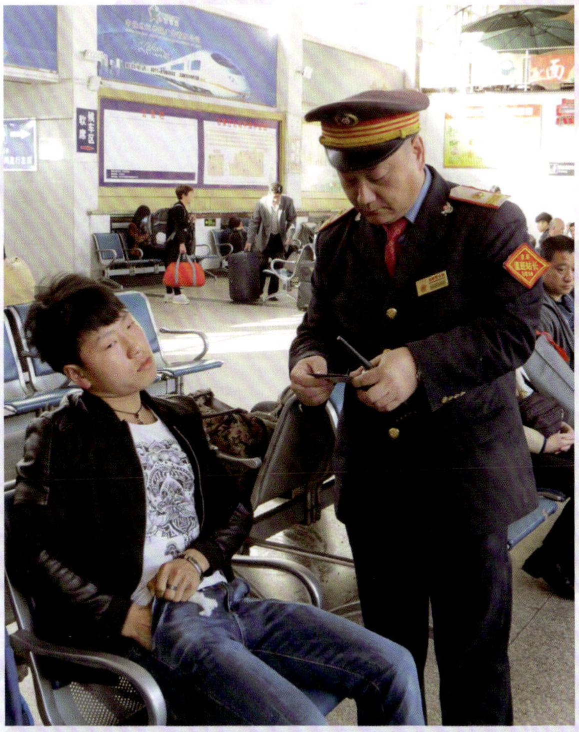

业务熟练的岗位技术能手——王宪法

人物

王宪法，男，1970 年，大专学历，技师。1994 年在邢台站参加工作，现任石家庄站邢台东站岗位值班站长。

王宪法在工作中认真负责，积极主动，帮助旅客解决各种困难，努力学习各种业务知识，积极主动对作业中存在的不足之处进行技术攻关。在传技授艺方面，积极组织带领车间 35 周岁以下职工利用下夜班时间学习业务知识，传授经验，将多名青年职工培养成了班组的技术骨干。在运输组织方面，他针对春运始发车 G6746 次列车上车人数多（600 至 1000 人），送站旅客多、进站秩序乱的问题，积极开展客运乘降组织攻关，制定了客流高峰组织措施，保证了乘降组织安全有序。在运输安全方面，针对个别车站旅客进入封闭区间现象，他攻关制定了站台客运员旅客清理措施，保证了车站运输生产安全。在技术竞赛方面，多次参加站级、路局、总公司组织的技术比武，并取得优异成绩。

荣誉

2012 年	职业技能竞赛第二名	路局级
2013 年	先进生产（工作）者	路局级
2014 年	客运系统技术比武第四名	路局级
2015 年	先进生产（工作）者	路局级

成果

1. 站台地标语音提示器

针对高铁列车有序乘降工作，王宪法在站台进站口安装地标语音提示器。客运人员作业时，只需打开对应开关，即可做到不间断宣传。站台地标语音提示器极大减少了站台客运人员的工作量，方便旅客快速找到自己的车厢位置。

2. 检票口安装扩音器

检票口客运人员使用的腰麦音量小，声源有方向性，易造成旅客漏乘，针对此情况，提出在检票口上方安装固定扩音器，使用无线话筒进行宣传广播，音量大，范围广，携带方便，解决了旅客漏乘问题。

认真作业、勤劳奉献、勇于创新的高级技师——赵树民

人物

赵树民，男，1965 年生，铁路探伤工高级技师。1982 年 12 月参加工作，现任邯郸探伤工区探伤班长。

赵树民经过长期的工作探索，练就了一套用手锤检查高锰钢辙叉暗裂的方法。通过细心研究和长期实践，总结出了用仪器 37°探头加 0°直探头快速判定螺栓孔上斜裂纹的方法。对于钢轨鱼鳞伤损容易干扰探伤并影响探伤质量的问题，他结合探伤原理摸索出“水浸法”探伤。根据自己多年的工作经验，对 GCT-8C 仪器 70°探头原组合方式进行了改进，提高了探伤工作效率。2009 年荣获路局“建功立业先进生产（工作）者”，2013 年至 2015 年荣获路局“建功立业奖章”。2013 年路局被授予“标准化职工标杆”，段“安全生产标兵”。2012 年至 2016 年连续四年荣获路局“建功立业先进生产（工作）者”。2016 年 4 月被全国铁路总工会授予“火车头”奖章。2017 年 6 月 1 日被北京铁路局评为“安全生产 2000 天安全生产标兵”。

荣誉

2013 年	标准化职工标杆	路局级
2014 年至 2016 年	先进生产（工作）者	路局级
2016 年	“火车头”奖章	总公司级

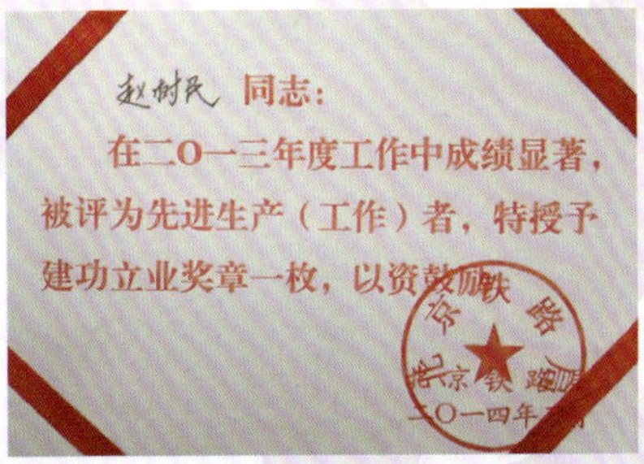

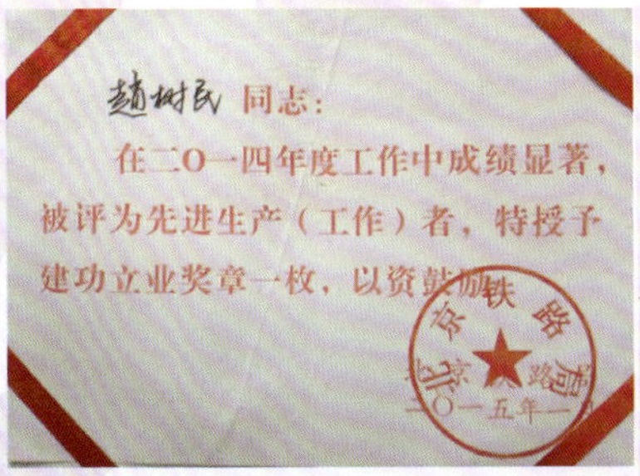

认真负责的劳动模范——杨海林

人物

杨海林，男，1974 年生，大专学历，技师。1991 年 1 月参加工作，现任邯郸东站值班站长。

杨海林自参加工作以来认真学习客运业务知识，先后参加车站和北京铁路局技术比武，取得了较好名次。积极参与客运规章修改，2015 年参加了路局客运处组织的客运规章、北京铁路局企业标准的修订、路局技术比武题库和客运服务质量规范的修订。同时对车间的安全管理制度、办法、措施等进行全面梳理规范，为职工标准化作业提供依据。落实痕迹管理要求，车间台账资料在各主管副站长牵头负责的基础上，发挥自身作用。

荣誉

2014 年	安全标准化先进职工	路局级
2015 年	先进生产（工作）者	路局级

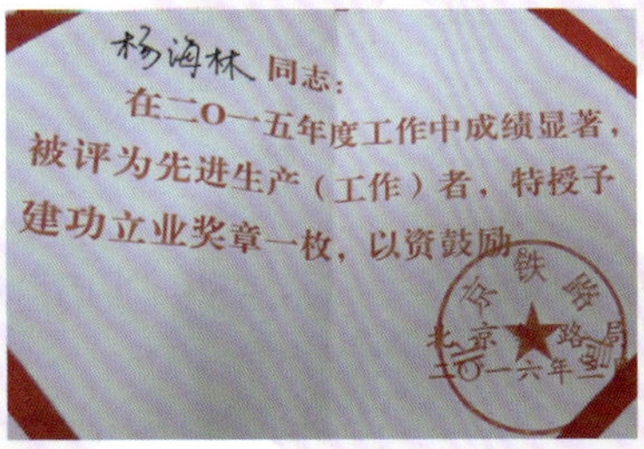

杨海林 同志：

在二〇一五年度工作中成绩显著，被评为先进生产（工作）者，特授予建功立业奖章一枚，以资鼓励。

北京铁路局

二〇一六年

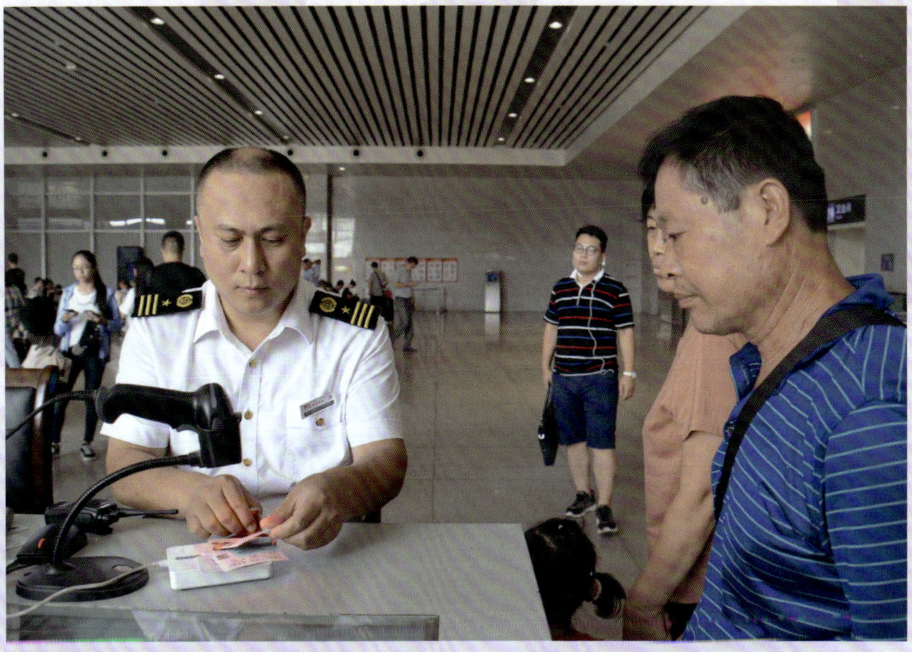

善攻技术难关的技师——张景春

人物

张景春，男，1977 年生，中共党员，大专学历，工人技师。1995 年 8 月参加工作，现任保定工务段霸州西线路车间检查工区工长。

工作中，他勤于钻研，多次攻破生产技术难题，组织工区职工，成立 QC 小组，从人、机、料、法、环五个方面进行研讨，解决有砟轨道线路开通初期病害整治难题，提高轨道动态质量。从津保线路开通以来，线路质量大幅度提高，TQI 值不断减少，提高线路平稳性，增加旅客乘车舒适度。他所成立的 QC 小组，获得“河北省 QC 成果奖”，得到段领导一致好评。

荣誉

2016 年	优秀师徒	路局级
2016 年	河北省 QC 优秀质量管理小组	省级

荣誉证书

张景春　陈克董　同志：

荣获 2016 年度北京铁路局优秀师徒称号，特发此证，以资鼓励。

二〇一七年二月

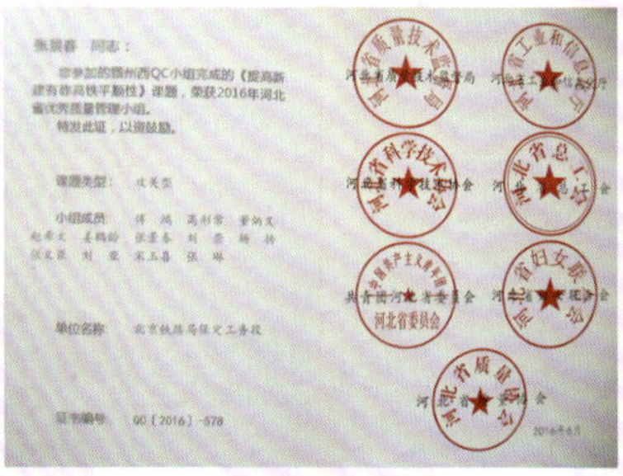
张景春　同志：

荣获2016年河北省优秀质量管理小组。

特发此证，以资鼓励。

河北省委员会

成果

提高新建有砟高速铁路平顺性

该 QC 成果主要是研讨如何提高津保铁路开通初期动态质量，主要整治铁路轨道病害的以下几个方面进行研究：高低不平顺、轨向不平顺、三角坑、长波高低，从而细化到人、机、料、法、环五个方面。津保铁路开通初期，新职工较多，业务水平较低，利用天窗点外时间，加强业务学习，提高业务水平；大机捣固次数少，轨道质量指数 TQI 值较大，线路稳定性有待提高；薄弱地段道砟不足，扣件系统不完善；一味追求动态修理，缺乏全局整修观念，综合分析病害情况，结合季节特点，细分病害原因。从 2015 年津保铁路开通初期到 2017 年，TQI 值大幅度减小，充分保障了线路平顺性。

工作从严要求、管理大胆的技师——叶歆

人物

叶歆，男，1978 年生，中专学历，技师。1996 年参加工作，现任邯郸站调车长。

调车长叶歆作为一名主调车长，在班组中首推 “上峰车辆细检查，推峰逐轴翘闸瓦，盯好溜放车走行，遇到险情果断停” 的安全理念。作业中时刻从严要求，大胆管理，规定不允许任何人以任何理由晚出场或不出场，做到有计划提前出场上岗，到岗到位，把一切准备工作做到前面，真正做到宁可人等一分钟，不让机车等一秒。他所带领的小组调车计件每月都名列前茅，也因此在 2014 年、2015 年、2016 年路局劳动竞赛中连续 3 年获得第一名。

荣誉

2014 年	先进生产（工作）者	路局级
2015 年	先进生产（工作）者	路局级
2016 年	先进生产（工作）者	路局级

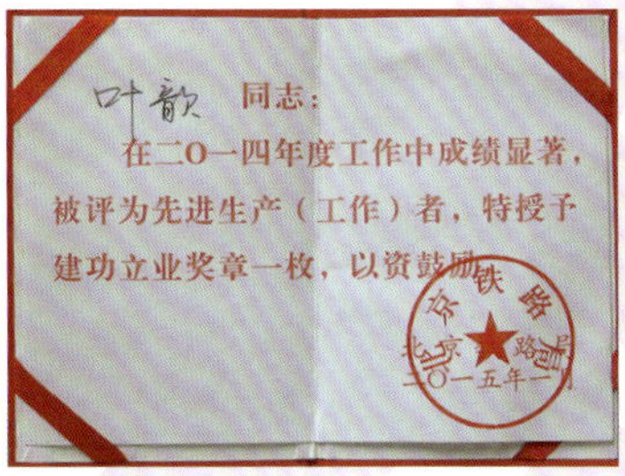
叶歆 同志：
在二〇一四年度工作中成绩显著，被评为先进生产（工作）者，特授予建功立业奖章一枚，以资鼓励。
北京铁路局
二〇一五年一月

叶歆 同志：
在二〇一五年度工作中成绩显著，被评为先进生产（工作）者，特授予建功立业奖章一枚，以资鼓励。
北京铁路局
二〇一六年

立足本职、勇当先锋的高级技师——郝卫平

人物

郝卫平，男，1972 年生，中共党员，大专学历，高级技师。1994 年 10 月入路参加工作，现担任衡水供电段枣强供电车间枣强网电运行工区工长兼党支部书记。

由于工作中的出色表现，郝卫平曾多次受到上级的表扬和奖励。2013 年被路局评为“标杆班组长”，2014 年被授予“火车头”奖章。郝卫平善于思考，敢于管理，大胆负责，从自身做起；面对困难，能够迎难而上，时刻保持一个积极向上的心态。为了健全完善班组的安全风险管控能力，在安全风险识别研判工作中，他坚持以“控住重点、把握关键”为主，把工区易造成人身伤害的四个因素（高压电击、高空坠落、车辆伤害和物体打击）作为安全的控制关键环节。针对工区新员工较多，业务技能普遍不适应精检细修、工艺优良的较高要求，通过与新员工进行沟通，因地制宜地制定了不同的培训学习方案，并利用班组的空地建成了两处练兵场，先从各项设备名称、参数的了解认识开始，加上现场作业的“一对一”帮带，让新员工对接触网运行有了一个系统的认识。通过签订师徒合同，调动了老师傅的带徒积极性。

荣誉

2013 年	先进生产（工作）者	路局级
2013 年	优秀师徒	路局级
2014 年	“火车头”奖章	路局级

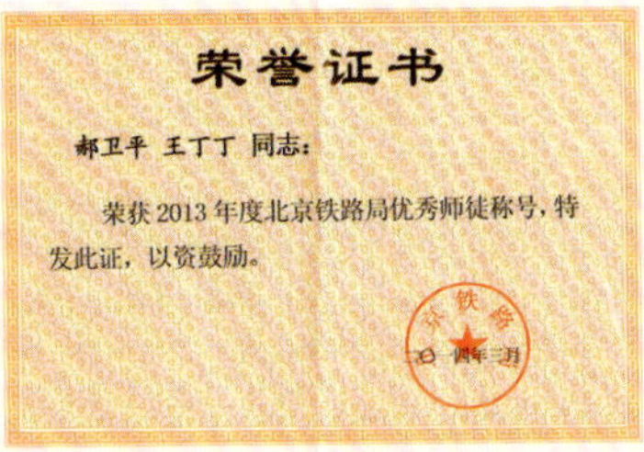
荣誉证书

郝卫平 王丁丁 同志：

荣获2013年度北京铁路局优秀师徒称号，特发此证，以资鼓励。

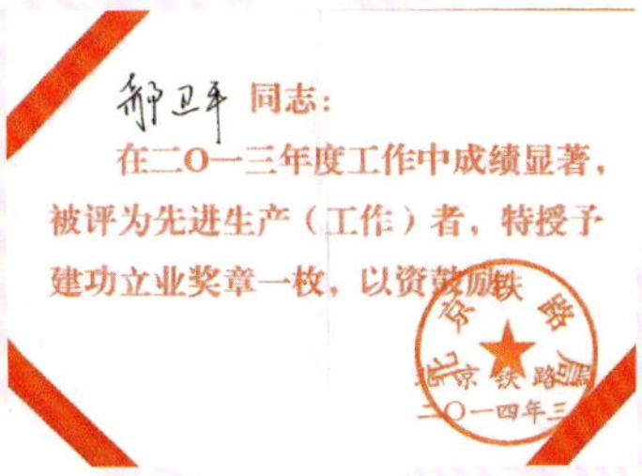
郝卫平 同志：

在二〇一三年度工作中成绩显著，被评为先进生产（工作）者，特授予建功立业奖章一枚，以资鼓励。

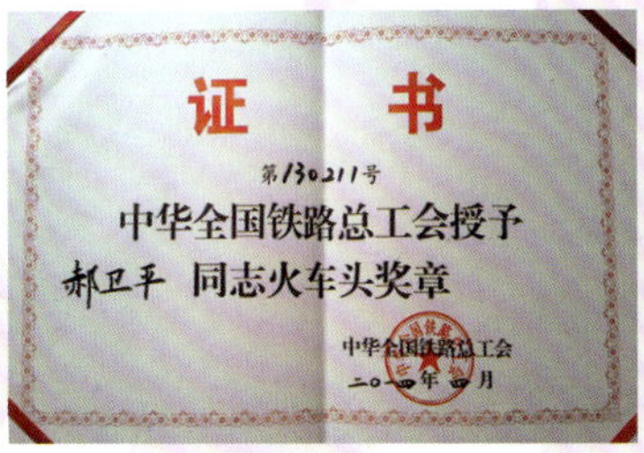
证 书

第130211号

中华全国铁路总工会授予

郝卫平 同志火车头奖章

中华全国铁路总工会

劳动模范——白继学

人物

白继学，男，1956年生，中共党员，路局首席技师。1976年参加工作，现任邯郸工务段磁山重点维修车间磁山焊轨工区工长，钢轨焊接工高级技师。

白继学带领工区技术骨干总结出了“一匀、二抹、三压、四封、五查”的钢轨焊接“五步法”。通过使用“五步法”，白继学所在工区自2009年以来实现了“漏箱”为零、焊接合格率100%的目标。经过白继学对现有的铝热焊1米直尺进行改造，缩短了对轨时间，时间由原来的6分钟缩短为2分钟，不仅作业效率提高了数倍，且大大提高了钢轨焊接质量。2012年，以白继学名字命名的“继学钢轨焊接五步法”，被中共北京铁路局委员会评为“北京铁路局党内优质品牌”，积极发挥传帮带作用。白继学所在班组多次荣获段、路局“先进班组”荣誉称号，他个人2005年获“火车头”奖章，先后12次获路局“先进生产（工作）者”称号，连续20年被评为段级“先进生产者”。2015年4月27日，中国铁路总公司召开全路“五一”劳动模范表彰电视电话会议，白继学被授予“全国铁路劳动模范”荣誉称号。2017年被聘为北京铁路局首席技师。

荣誉

2014 年	先进生产（工作）者	路局级
2016 年	技术论文交流三等奖	路局级
2017 年	钢轨焊接工首席技师	路局级

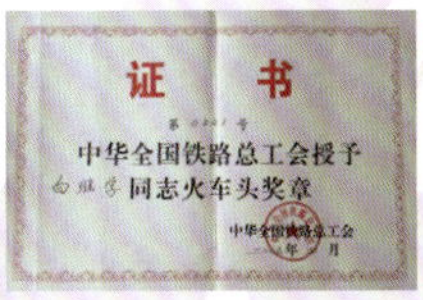

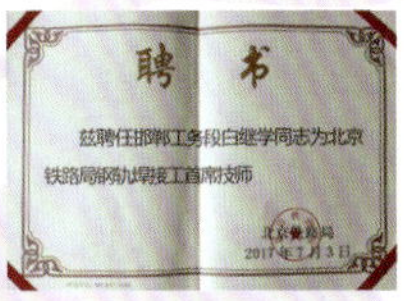

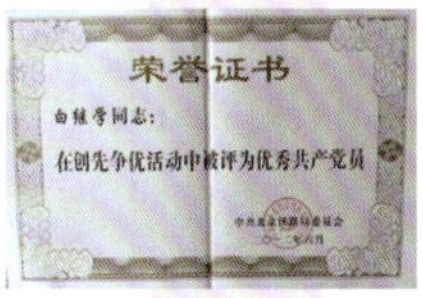

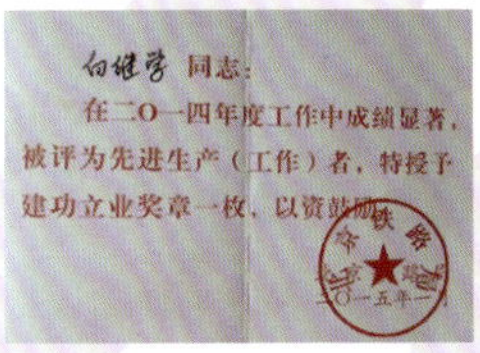

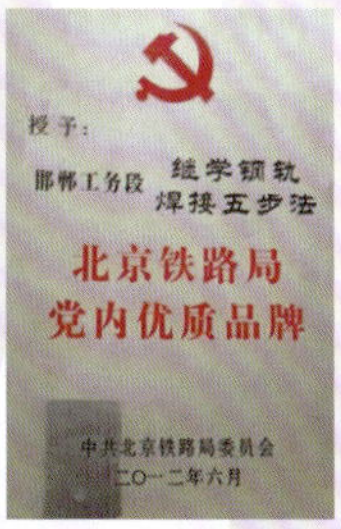

技术业务的优秀传承人——纪艳君

人物

纪艳君，女，1969 年生，大学学历，工人技师，路局师资库的成员。1987 年 12 月入路参加工作，现为石家庄站售票车间日勤售票值班员及车间兼职教员。

近年来售票新业务变化多，纪艳君精心整理培训教案，认真组织职工培训，使职工能够熟练掌握各种新业务，大大降低了因业务差错产生的旅客投诉。在做好日常培训的同时，积极组织开展各种岗位练兵活动。每季度技术比武采用不同形式，通过竞赛不断提高全员素质，同时也为发现和培养业务能手，起到很好的推动作用。通过对重点选手的亲自抓、重点盯，在路局技术比武中，多次获得前五名的优异成绩。由于她的努力工作，在职教科每季度对全站各个车间素质达标考核中，她所在车间成绩一直名列前茅。同时，她撰写的论文多次获奖。

荣誉

2013 年	全国铁路优秀工会积极分子	总公司级
2014 年	京铁巾帼建功立业“三八红旗手”	路局级
2015 年	京铁巾帼建功立业“三八红旗手”	路局级
2016 年	京铁巾帼建功立业“三八红旗手”	路局级
2016 年	技术论文交流一等奖	路局级

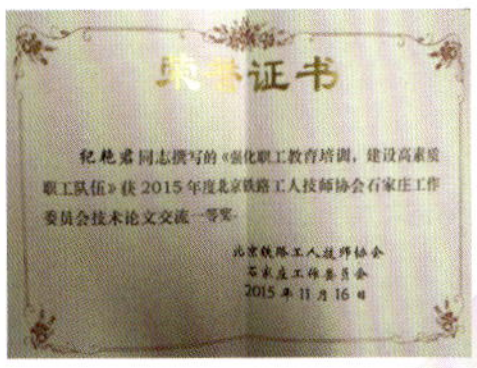

荣誉证书

纪艳君同志撰写的《强化职工教育培训，建设高素质职工队伍》获2015年度北京铁路工人技师协会石家庄工作委员会技术论文交流一等奖。

北京铁路工人技师协会
石家庄工作委员会
2015年11月16日

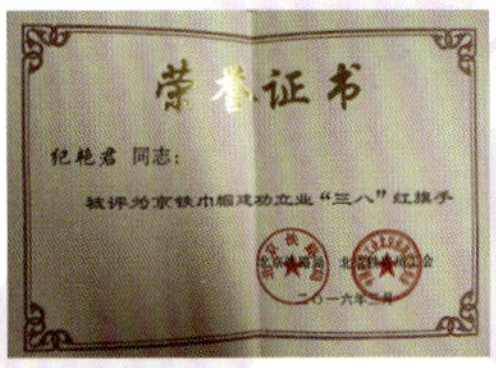

荣誉证书

纪艳君 同志：

被评为京铁巾帼建功立业“三八”红旗手

二〇一六年三月

荣誉证书

纪艳君 同志：

被评为京铁巾帼建功立业“三八”红旗手

北京铁路局 北京铁路局工会
二〇一五年三月

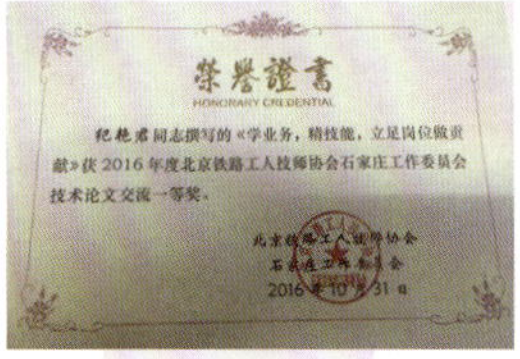

荣誉證書

HONORARY CREDENTIAL

纪艳君同志撰写的《学业务，精技能，立足岗位做贡献》获2016年度北京铁路工人技师协会石家庄工作委员会技术论文交流一等奖。

北京铁路工人技师协会
石家庄工作委员会
2016年10月31日

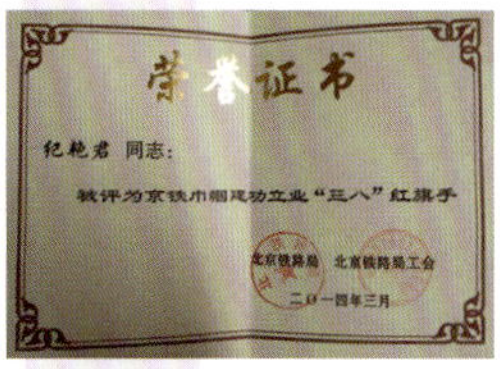

荣誉证书

纪艳君 同志：

被评为京铁巾帼建功立业“三八”红旗手

北京铁路局 北京铁路局工会
二〇一四年三月

甘于奉献、刻苦钻研的技师——左玉习

人物

左玉习，男，1977 年生，大专学历，货车检车员技师。1996 年 8 月参加工作，现任石家庄车辆段南运用四车间一班班组长。

左玉习同志从事检车员岗位工作二十多年来，兢兢业业，甘于奉献，刻苦钻研技术业务，严格执行作业标准。他运用对滚动轴承进行接车听音结合外观的判断故障方法，使发现车辆轴承故障率大大提升，2012 年以来他本人共发现轴承故障 20 件，有效地防止了车辆事故的发生。他自担任班组长以来，坚持将“劳模精神”渗透到班组管理中，始终是高站位、细管理、严要求，扎扎实实带领职工落实各项规章制度。2008 年至 2012 年度获得连续 5 年获得铁道部“王德明式检车员”的光荣称号；2012 年、2013 年获得北京铁路局“先进生产（工作）者”；2013 年获得路局“标准化职工标杆”；2014 年获得中华全国铁路总工会授予的“火车头”奖章；2014 年被评为“全国铁路劳动模范”。

荣誉

2012 年	先进生产（工作）者	路局级
2013 年	先进生产（工作）者	路局级
2013 年	标准化职工标杆	路局级
2014 年	“火车头”奖章	总公司级
2014 年	全国铁路劳动模范	总公司级

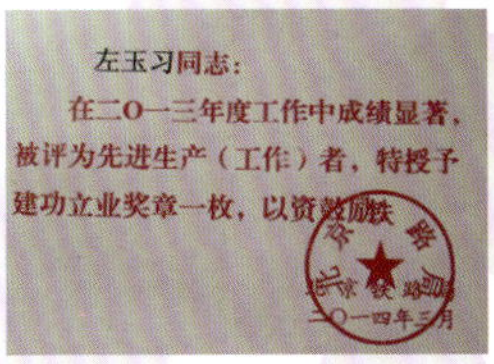
左玉习同志：

在二〇一三年度工作中成绩显著，被评为先进生产（工作）者，特授予建功立业奖章一枚，以资鼓励

二〇一四年三月

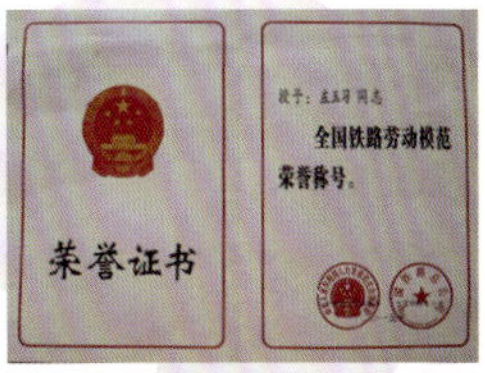
荣誉证书

授予：左玉习 同志

全国铁路劳动模范

荣誉称号。

证 书

第13003号

中华全国铁路总工会授予

左玉习 同志火车头奖章

中华全国铁路总工会

拼搏进取的业务带头人——高云龙

人物

高云龙，男，1972 年生，中共党员，中专学历，路局首席技师。1990 年由烹饪班分配到客运段，一直在餐车后厨从事烹调工作，现任石家庄至广州第五组餐车领班厨师，高级技师。

高云龙经过自己的不断努力和刻苦钻研，并虚心向老师傅请教，他的厨艺水平不断提高。他先后获得了劳动部颁发的厨师等级证书（一级厨师），北京铁路局技术比武厨师组第二名，石家庄市举办的“珍极杯”烹饪大赛热菜组金牌，河北省第三届烹饪技术大赛热菜组金牌，以及全国第六届烹饪大赛热菜银牌的好成绩。在取得好成绩后，他把所学到的技术和工作经验毫无保留的传授给其他职工。在客运段开办的培训班中，对餐车后台新入职的厨师进行培训，使每个人都具备独立的操作能力，按照操作程序认真加工制作每一个菜肴，搞好传帮带，储备后备技术人员，先后带出高级工 3 名，技师 1 名。出于对烹调的特殊喜爱，他不断钻研菜品，烹饪出的菜品不仅味道鲜美，色泽搭配和切配方法也很讲究。高云龙同志 2008 年被认证为高级技师，2012 年被评为客运段“十佳厨师”，2011 年至 2014 年被路局聘为首席技师，2013 年获得段级“先进工作者”，2014 年被路局授予“技术标兵”，2015 年被授予段级“优秀共产党员”。

荣誉

2011 年至 2014 年	路局首席技师	路局级
2014 年	技术标兵	路局级

立足本职、善于钻研的工人技师——刘秀海

人物

刘秀海，男，1962 年生，中专学历，工人技师。1980 年至 2013 年在邯郸站工作，先后任装卸工、货运员、货运调度员，2009 年至今任货运计划员。

刘秀海同志立足本职，谦虚好学，刻苦钻研，为运输生产任务的完成献计献策，积极热情，努力为企业及客户服务，深入企业走访客户，了解企业的生产情况，市场需求以及铁路需要的运量，积极组织货源，做出了一定的贡献。该同志根据现场实际，努力钻研，按照总公司和路局的文件要求，先后设计出“货源核实登记簿”“落空车登记簿”“需求受理登记簿”“客服电话接听登记簿”，规范了台账填记要求。

荣誉

2017 年	优秀共产党员	段级

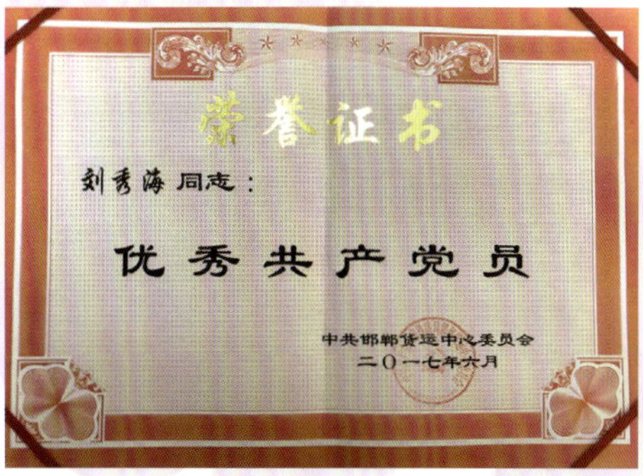
荣誉证书

刘秀海 同志：

优秀共产党员

中共邯郸货运中心委员会

二〇一七年六月

成果

设计若干登记簿，规范台账填记

2013 年铁路货运改革推行实货制运输，改变了货物运输的需求受理方式，由过去单一的客户到货运营业厅服务窗口办理运输需求到现在客户可以选择六种受理渠道办理货物运输需求，极大地方便了客户的提报，充分体现了货运计划的公平、公正、公开的原则，这同时也对我们货运计划人员的服务提出了更高的要求。刘秀海同志根据现场实际，努力钻研，根据中国铁路总公司和路局在基层客服岗位推进的《北京铁路局实货制实施细则》，设计出“货源核实登记簿”，内容有客户名称、装车日期、到站、品名、原订车数、核实车数、核减原因、具体操作人，“落空车登记簿”内容有装车日期、客户名称、发站、到站、品名、受理车数、完成车数，落空原因，以及“需求受理登记簿”“客服电话接听登记簿”等。登记簿简洁实用，易于现场实际操作。路局货运处有关领导检查工作时给予了很好的评价并把样本推荐给总公司，总公司经过充实完善后现在已经在全局客服岗位推广实行，规范了现场需求受理有关台账的填记，加强了现场管理，提高了服务质量和服务水平，对铁路运输生产组织起到了积极作用。

图书在版编目 (CIP) 数据

匠心・创新：北京局铁路技师风采．一 / 北京铁路工人技师协会组织编写．— 北京：中国铁道出版社，2018.9

ISBN 978-7-113-24711-9

Ⅰ．①匠… Ⅱ．①北… Ⅲ．①铁路工程－工程技术人员－生平事迹－北京－现代 Ⅳ．① K826.16

中国版本图书馆 CIP 数据核字 (2018) 第 153428 号

书　　名：匠心・创新（一）——北京局铁路技师风采
JIANGXIN・CHUANGXIN(YI)——BEIJINGJU TIELU JISHI FENGCAI
作　　者：北京铁路工人技师协会
策　　划：江新锡
责任编辑：黎　琳　　010-51873065
装帧设计：郑春鹏
责任校对：王　杰
责任印制：高春晓
出版发行：中国铁道出版社 (100054，北京市西城区右安门西街 8 号)
网　　址： http://www.tdpress.com
印　　刷：北京盛通印刷股份有限公司
版　　次：2018 年 9 月第 1 版　2018 年 9 月第 1 次印刷
开　　本：880 mm × 1230 mm　1/ 16　印张：8.5　字数：323 千
书　　号：ISBN 978-7-113-24711-9
定　　价：50.00 元